GUIDE

DE

L'AFFICHAGE

ETUDE

Comprenant le texte et les Commentaires

DE

LA NOUVELLE LOI SUR L'AFFICHAGE

du 26 décembre 1890

ET

LE RÈGLEMENT D'ADMINISTRATION PUBLIQUE DU 18 FÉVRIER 1891

PAR

EUGÈNE PIÉTO

Agent Général de Publicité à Paris

PARIS

IMPRIMERIE & LIBRAIRIE GÉNÉRALE DE JURISPRUDENCE

MARCHAL & BILLARD

IMPRIMEURS-ÉDITEURS, LIBRAIRES DE LA COUR DE CASSATION

Place Dauphine, 27

1893

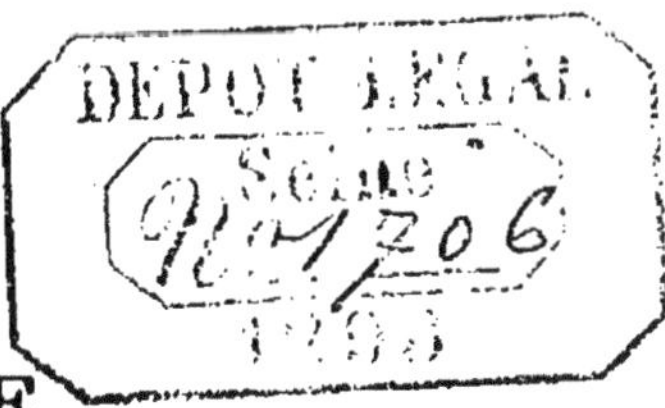

SOMMAIRE

Étude sur la loi du 26 décembre 1890.

La Loi (texte officiel).

Étude sur le règlement.

Le Règlement (texte officiel).

Les Commerçants.

Organisation d'un budget d'affichage.

Un exemple.

L'affichage en province.

Les villes d'exception.

A l'administration de l'Enregistrement.

LOI

du 26 décembre 1890

Nul Français n'est censé ignorer la Loi, *telle est la loi elle-même*. Il eût donc semblé logique de la lui faire connaître.

Le législateur s'est aperçu qu'en entreprenant cette tâche, il se heurtait, presque à chaque instant, à des difficultés de toute nature et il s'en est remis aux pouvoirs publics et aux tribunaux pour l'interprétation à donner, tant à la loi qu'à ses codiciles, il s'est donc contenté de faire des lois et d'ériger en axiome qu'il est interdit de les ignorer.

A vrai dire, *Le Journal Officiel* est là, qui publie les débats des Chambres ; mais, tout le monde ne lit pas chaque jour, une publication comportant un nombre respectable de pages, d'un parcours parfois aride. Il faut donc que les intéressés tirent, pour leur usage personnel, un extrait de ce qui peut être pour eux d'une importance spéciale.

Au lieu de collectionner des journaux officiels, il nous a paru plus simple d'en détacher les passages pouvant intéresser les commerçants, les propriétaires de murs, les afficheurs, échafaudeurs, ravaleurs, peintres, etc., tous commerces ou métiers dont le *modus vivendi* habituel et l'économie ordinaire, ont été profondément modifiés et altérés par la nouvelle loi du 26 décembre 1890, sur l'affichage en France et en Algérie.

Les jurisconsultes, les agents du fisc, de l'enregistrement, les magistrats eux-mêmes, ne sont souvent pas d'accord sur l'interprétation à donner à une loi ; il est donc bon de l'avoir sous la main avec les règlements qui s'y rattachent, de façon à pouvoir les consulter chaque fois qu'un cas douteux se présente.

Tous ont interêt à connaître la limite des droits et des devoirs qui leur incombent ; il est donc avantageux de sacrifier une heure à une lecture non attachante, peut-être, mais du moins utile puisqu'elle doit éviter des journées entières de perte aux intéressés et des amendes.

Nous avons eu, nous-mêmes, maintes fois besoin de chercher des renseignements sur la législation qui régit l'affichage et la publicité. Nous avons trouvé des volumes touchant à la matière, nous n'en avons rencontré aucun l'approfondissant dans la partie « *affichage* »; c'est cette lacune que nous allons essayer de combler.

Nous nous écarterons donc, volontairement, du système de certains livres spéciaux qui, pour rendre leur lecture plus attrayante et plus pittoresque, nous offrent des anecdotes souvent amusantes, il est vrai, mais qui nous font remonter au temps des échevins, des corporations et même nous font connaître la manière de crier et d'annoncer les marchandises, en l'an de grâce 999, sous le règne du bon roi Robert.

Puisque nous écrivons spécialement pour ceux qui sont atteints par la loi nouvelle et qui ont besoin d'un renseignement immédiat et précis, pas d'anecdotes : des faits et des règlements.

Commençons donc, en entrant dans le vif de la question.

La nouvelle loi sur l'affichage qui régit désormais la matière, la voici publiée *in-extenso*, texte officiel : *(Journal Officiel du 21 février 1891.)*

LOI DU 26 DÉCEMBRE 1890

ANNEXE A.

DÉCRET DU 18 FÉVRIER 1891

portant règlement d'administration publique pour l'exécution des articles 5 à 10 de la loi de finances du 26 décembre 1890 concernant la taxe d'affichage.

(*Journal officiel* du 21 février 1891.)

Le Président de la République française,

Sur le rapport du Ministre des finances ;

Vu les articles 5 à 10 de la loi de finances du 26 décembre 1890 et notamment les articles, 5, 6, 7, qui sont ainsi conçus :

« Art. 5. A partir du 1er janvier 1891, le droit édicté par l'article 30 de la loi du 8 juillet 1852, pour toute affiche inscrite dans un lieu public, sur les murs, sur une construction quelconque ou même sur toile, au moyen de la peinture ou de tout autre procédé, est remplacé par une taxe annuelle de timbre fixée ainsi qu'il suit :

« 60 centimes par mètre carré pour les affiches apposées dans les communes dont la population est de moins de 2,500 habitants ;

« 75 centimes par mètre carré pour les affiches apposées dans les communes de 2,500 à 40,000 habitants ;

« 1 franc par mètre carré pour les affiches apposées dans les communes d'une population supérieure à 40,000 habitants ;

« 1 fr. 50 par mètre carré à Paris.

« Pour la liquidation du droit, toute fraction de mètre carré est comptée pour un mètre carré et la taxe est due pour l'année entière sans fraction.

« Ces droits ne sont pas soumis aux décimes.

« ART. 6. Les dispositions de l'article précédent sont applicables aux affiches dont l'existence est constatée deux mois après la promulgation de la présente loi.

« ART. 7. Un règlement d'administration publique déterminera les diverses mesures d'exécution des dispositions des articles 5 et 6 » ;

Le Conseil d'État entendu,

DÉCRÈTE :

ARTICLE PREMIER.

Toute personne qui veut inscrire des affiches dans un lieu public, sur les murs, sur une construction quelconque ou même sur une toile, au moyen de la

peinture ou de tout autre procédé, est tenue, préalablement à toute inscription : 1º d'en faire la déclaration
au bureau de l'enregistrement dans la circonscription
duquel se trouvent les communes où les affiches
doivent être placées, et à Paris, à l'un des bureaux
désignés à cet effet par l'administration de l'enregistrement ; 2º d'acquitter la taxe établie par la loi du 26
décembre 1890.

ART. 2.

La déclaration, rédigée en double minute, est datée
et signée soit par celui dans l'intérêt duquel l'affiche
doit être apposée, soit par l'entrepreneur d'affichage.
Elle doit contenir les énonciations suivantes :

1º Le texte de l'affiche ;

2º Les nom, prénoms, profession et domicile de
ceux dans l'intérêt desquels l'affiche doit être inscrite ;

3º Les nom, prénoms et domicile de l'entrepreneur
de l'affichage ;

4º La surface de l'affiche (en mètres et décimètres
carrés) ;

5º Le nombre des exemplaire à inscrire ;

6º La désignation précise des rues et places, ainsi
que des maisons, des édifices, des constructions
mobiles ou des emplacements où chaque exemplaire
doit être inscrit ;

7º Le nombre d'années pour lequel les parties
entendent, par un seul payement, acquitter la taxe,
ou l'indication qu'elles désirent effectuer ce payement
chaque année tant que l'affiche subsistera.

Une déclaration particulière doit être souscrite pour chaque affiche ou annonce distincte et pour la circonscription de chaque bureau d'enregistrement.

Un double de la déclaration reste au bureau de l'enregistrement ; l'autre, revêtu de la quittance du receveur, est remis au déclarant.

ART. 3.

La taxe est due pour une année entière sans fraction, et l'année court pour chaque affiche du jour de la première déclaration.

Si la déclaration ne fixe aucune durée, la taxe annuelle devient exigible dans les vingt jours qui suivent l'expiration de chaque année, et la perception en est continuée d'année en année, dans les mêmes conditions, jusqu'à ce qu'il ait été déclaré au bureau de l'enregistrement que l'affichage a été supprimé.

Lorsque les parties ont souscrit leur déclaration pour un nombre d'années déterminé et que le terme qu'elles ont fixé est arrivé, elles paient la taxe dans les conditions déterminées au paragraphe précédent, à moins qu'elles ne fassent au bureau de l'enregistrement une déclaration indiquant, ou la suppression de l'affichage ou la période nouvelle pour laquelle elles veulent acquitter la taxe.

Les droits payés ne sont jamais restituables, pour quelque cause que ce soit.

ART. 4.

En cas de cession de fonds de commerce, de changement d'adresse, de modification apportée au nom ou à la raison sociale, une déclaration, appuyée des pièces justificatives nécessaires, doit être faite au bureau de l'enregistrement avant que les indications relatives au nom, à la raison sociale ou à l'adresse ne soient modifiées sur l'affiche. Cette déclaration est faite pour ordre et ne donne pas lieu au payement d'un nouveau droit.

ART. 5.

Toute affiche doit porter, dans la partie inférieure à gauche, l'indication, en caractères suffisamment apparents, de la date et du numéro de la quittance de la taxe.

Les personnes chargées de l'inscription de l'affiche sont tenues, pendant l'exécution des travaux, de représenter l'exemplaire de la déclaration remis à la partie ou un duplicata régulier de cette déclaration à tous les agents chargés de constater les contraventions. Elles doivent interrompre les travaux si l'exemplaire ou le duplicata de la déclaration ne peut être représenté.

ART. 6.

Les entrepreneurs d'affichage sont tenus, avant de commencer leurs opérations, de faire au bureau de l'enregistrement du siège de leur établissement, et à celui du siège de chaque agence, une déclaration constatant la nature de leur industrie, leur nom et celui de leur agent local.

ART. 7.

A partir du 1er mars 1891, les entrepreneurs

d'affichage sont tenus d'avoir, dans chaque agence, un répertoire coté, parafé et visé par le juge de paix, et sur lequel ils portent, par ordre de date, les affiches peintes et autres affiches visées par la loi du 26 décembre 1890, qui ont été inscrites par leur intermédiaire. Ce répertoire contient l'énonciation sommaire de la personne pour laquelle l'affiche a été apposée, de la dimension de l'affiche et des lieux où elle est placée, ainsi que l'indication du droit payé, de la date et du numéro de la quittance.

Ce répertoire est soumis au visa des préposés de l'enregistrement selon le mode indiqué par la loi du 22 frimaire an VII et toutes les fois qu'ils le requièrent.

ART. 8.

Les entrepreneurs d'affichage qui ont présenté une caution solvable agréée par l'administration de l'enregistrement et qui ont contracté l'engagement de représenter à toute réquisition tous leurs registres et traités aux préposés de l'enregistrement, sont autorisés à recevoir les déclarations particulières prévues par le présent réglement et les payements afférents à ces déclarations.

Ils inscrivent ces déclarations et payements avec une seule série de numéros d'ordre sur un registre conforme au modèle arrêté par l'administration de l'enregistrement et qui est coté et parafé par le directeur du département.

Chaque exemplaire d'affiche ainsi apposé porte le nom de l'entrepreneur d'affichage, dans la partie inférieure, à droite, ainsi que la date et le numéro d'inscription de l'affiche au registre mentionné au paragraphe précédent.

Dans les dix premiers jours de chaque trimestre, les déclarations particulières sont remises au bureau de l'enregistrement, avec des états récapitulatifs et le montant des droits, dans les conditions qui sont déterminées par l'administration de l'enregistrement.

Les ouvriers chargés de l'inscription des affiches pour lesquelles la déclaration a été faite chez un entrepreneur d'affichage sont tenus, pendant l'exécution des travaux, de représenter à tous les agents chargés de constater les contraventions un bulletin indiquant le numéro d'ordre sous lequel l'affiche figure sur le registre prévu au deuxième paragraphe du présent article. Ils doivent interrompre les travaux si le bulletin ne peut être représenté.

L'autorisation prévue au paragraphe 1er peut être retirée, par une décision du Directeur général de l'enregistrement, notifiée dans la forme administrative, en cas de contravention, de faillite, de liquidation judiciaire de l'entrepreneur ou dans le cas où la caution agréée cesse d'être solvable.

ART. 9.

Les instances pour le recouvrement des droits et amendes fixés par les articles 5 et 8 de la loi du 26 décembre 1890 sont suivies dans la forme et d'après les règles établies par la législation spéciale au timbre.

ART. 10.

Les contraventions tant à la loi du 26 décembre 1890 qu'aux dispositions du présent décret sont constatées par des procès-verbaux rapportés, soit par les préposés de l'administration de l'enregistrement, des domaines et du timbre, soit par les commissaires de police, gendarmes, gardes champêtres et tous autres agents de la force publique.

ART. 11.

Il est accordé, à titre d'indemnité, aux gendarmes, aux gardes champêtres et autres agents de la force publique qui ont constaté les contraventions, un quart des amendes payées par les contrevenants.

DISPOSITIONS TRANSITOIRES

ART. 12.

L'Administration de l'enregistrement, passé le délai fixé par l'article 6 de la loi du 26 décembre 1890, fait le relevé des affiches apposées avant le 1er janvier 1891 et encore existantes, et réclame, pour l'année courante, par un avertissement, le payement des droits dus à raison de ces affiches.

L'avertissement doit contenir la désignation des rues et places ainsi que des maisons, des édifices, des constructions mobiles ou des emplacements où chaque affiche est inscrite.

Les droits doivent être acquittés dans les conditions

déterminées par l'article 3 du présent règlement tant qu'il n'a pas été procédé à la suppression des mentions telles que celles relatives à la raison sociale ou au nom, ou à l'adresse, ou à l'enseigne qui, selon les cas, servent à désigner commercialement l'objet de l'affiche.

Le délai de vingt jours pour l'acquittement des droits court à partir de la remise de l'avertissement entre les mains du contribuable.

ART. 13.

Les déclarations prévues à l'article 6 doivent être faites, pour les entreprises d'affichage actuellement existantes, avant le 1er mars 1891.

ART. 14.

Le ministre des finances est chargé de l'exécution du présent décret, qui sera inséré au *Journal officiel* et au *Bulletin des lois*.

Fait à Paris, le 18 février 1891.

Signé : CARNOT.

Par le Président de la République :

Le Ministre des finances,
Signé : ROUVIER.

Pour copie conforme :

Le Conseiller d'État,
Directeur général de l'enregistrement,
des Domaines et du Timbre,
Em. TIPHAIGNE.

LE RÈGLEMENT

La loi a son importance ; la manière de l'appliquer, c'est-à-dire le règlement d'administration, en a une bien plus grande encore.

Le règlement d'administration est le corollaire du théorème. Ce règlement est destiné à faire savoir à tous et spécialement aux agents chargés d'appliquer la loi, où ils doivent voir une contravention ou un délit et par suite, il enseigne au public, dans quels cas il s'expose à en commettre.

Ce doit être évidemment (ce devrait être plutôt), le complément clair, précis, lumineux de la loi ; il devrait pouvoir être compris de l'agent du fisc le plus ferré sur la matière, comme du plus humble garde-champêtre, auquel la nouvelle loi accorde le droit de verbaliser et même de toucher un quart du montant des amendes.

Nous devons constater pour l'instant, qu'il est regrettable que les règlements nouveaux paraissent être inconnus dans bien des communes et qu'ils soient inappliqués ou mal appliqués.

Nous voulons espérer que la période de transition passée, il n'en sera plus ainsi.

Pour ne citer que le département de la Seine, nous savons que des receveurs ont refusé le montant de la taxe proportionnelle au nombre d'habitants : considérant que leurs communes devraient être taxées 1 fr. 50 par mètre carré comme Paris, et que des commerçants ont dû, de leur côté, devant cette prétention, consigner la somme qu'ils devaient réellement, puis faire une réclamation.

D'autre part, de divers points de la France, viennent des réclamations d'afficheurs de villes ou de communes auxquels on demande une procuration en règle avant d'accepter les versements qu'ils ont à faire au receveur de l'endroit pour les taxes afférentes à la pose de leurs affiches. Or, l'art. 3 du Règlement dit au contraire, que la déclaration peut être souscrite soit par celui dans l'intérêt duquel l'affiche a été apposée et par suite le commerçant n'a qu'à signer sa déclaration et l'envoyer en même temps que l'annonce à apposer, sans que sa présence réelle sur place soit exigible ; soit, dit le Règlement, par l'entrepreneur d'affichage ou son *agent local.*

Donc, pas de procuration pour les afficheurs locaux, correspondants habituels, des maisons de Paris par exemple.

Nous nous sommes fait confirmer cette interprétation au siège même de l'Administration centrale de l'Enregistrement, des Domaines et du Timbre, 13, rue de la Banque, à Paris.

Passons au Règlement dont nous donnons *in-extenso* le texte officiel. (*Instruction du 10 mars 1891.*)

INSTRUCTION

relative aux affiches peintes.

———

Du 10 mars 1891.

L'Administration a notifié au service, le 27 décembre 1890 (*Instr. n° 2800*), les articles 5 à 10 de la loi du 26 décembre 1890 relatifs à la taxe annuelle de timbre établie en remplacement du droit d'affichage créé par la loi du 8 juillet 1852.

Un règlement d'administration publique en date du 18 février 1891 (*Journal officiel du 21 février 1891*) (*annexe A*) a, conformément à l'article 7, déterminé les mesures d'exécution des articles 5 et 6 de la loi.

Pour l'application de la loi et du décret, les agents se conformeront aux dispositions ci-après.

SECTION Irᵉ

DISPOSITIONS GÉNÉRALES

1. *Affiches régies par la loi du 26 décembre 1890.* — La loi du 26 décembre 1890 n'a apporté aucune modification à la législation antérieure quant à la désignation des affiches assujetties à l'impôt. Son but a été de substituer au tarif ancien une taxe en rapport, d'une part avec la dimension des affiches : d'autre part avec l'importance des localités où les affiches sont apposées, ces deux éléments concourant pour donner à l'affiche permanente une valeur plus ou moins grande au point de vue de la publicité.

Le législateur s'étant servi intentionnellement des expressions contenues dans la loi du 8 juillet 1852, afin de ne rien innover quant à la détermination de la matière imposable, les décisions judiciaires ou administratives qui ont statué sur le point de savoir si telles affiches avaient le caractère d'affiches peintes et tombaient sous l'application de la loi du 8 juillet 1862, continueront à servir de règle.

2. *Déclarations d'affichage.* — Comme précédemment, une déclaration doit être faite préalablement à toute apposition ou inscription d'affiches, et remise au bureau de l'enregistrement dans la circonscription dnquel se trouvent les communes où les affiches doivent être apposées.

D'après l'article 2 du décret du 25 août 1852, une déclaration particulière devait être souscrite pour chaque commune. Le décret du 18 février 1891 simplifie à cet égard les obligations des contribuables. Il résulte en effet de l'article 1er qu'il suffira désormais de souscrire une seule déclaration par *bureau*.

Une déclaration particulière doit être souscrite pour chaque affiche ou annonce distincte (*art. 2 du décret*).

Il s'ensuit qu'il n'est pas possible de comprendre dans la même déclaration des affiches dont le texte serait différent, alors même que les différences ne porteraient que sur certains détails.

La déclaration est rédigée en double minute, datée et signée par le déclarant lui-même, et doit contenir les énonciations suivantes :

1° Le texte de l'affiche ;

2° Les nom, prénoms, profession et domicile de ceux dans l'intérêt desquels l'affiche doit être inscrite ;

3° Les nom, prénoms et domicile de l'entrepreneur de l'affichage ;

4° La surface de l'affiche (en mètres et décimètres carrés) ;

5° Le nombre des exemplaires à inscrire ;

6° La désignation précise des rues et places, ainsi que des maisons, des édifices, des constructions mobiles ou des emplacements où chaque exemplaire doit être inscrit ;

7° Le nombre d'années pour lequel les parties entendent, par un seul payement, acquitter la taxe annuelle, ou l'indication qu'elles désirent effectuer ce payement chaque année tant que l'affiche subsistera.

Le texte de l'affiche doit être reproduit en entier.

Si l'affiche contient des dessins, ils doivent être sommairement décrits, de manière qu'il n'y ait aucun doute sur l'indentité de l'affiche, lors du contrôle.

En ce qui concerne la désignation des emplacements, il appartiendra aux receveurs d'exiger, suivant les cas, les indications qui leur paraîtront nécessaires pour la surveillance, dans les villes, et lorsque l'affiche

sera inscrite sur une maison, il suffira d'indiquer la
rue et le numéro de la maison, ou de désigner l'édifice,
tel que mairie ou marché. La situation des kiosques,
colonnes et autres constructions analogues pourra
être déterminée par l'indication du numéro de la
maison la plus voisine. Dans les communes rurales,
il y aura souvent lieu d'exiger l'indication du nom du
propriétaire de la maison, clôture ou construction qui
devra supporter l'affiche. Pour les affiches des
bateaux et voitures, la déclaration devra contenir la
désignation précise du véhicule et notamment l'indication soit des points extrêmes de la ligne qu'il
dessert habituellement, soit du lieu de remisage
ordinaire.

3. *Par qui les déclarations doivent être passées.* —
La déclaration peut être souscrite, soit par celui dans
l'intérêt duquel l'affiche doit être apposée, soit par
l'entrepreneur d'affichage responsable des droits et
amendes, ou son agent local.

Dans l'un et l'autre cas, les parties pourront se faire
suppléer par un mandataire qui devra, soit déposer à
l'appui de la déclaration une procuration sur papier
timbré, soit représenter une expédition d'une procuration authentique, afin qu'en toute hypothèse la déclaration forme titre contre les débiteurs du Trésor
(*Instr. n° 2721-59*).

Les receveurs devront, d'ailleurs, en vue de faciliter
le payement de l'impôt, accepter les déclarations qui
leur seront transmises par la poste, lorsque ces déclarations seront régulières sur tous les points et que la

somme jointe à la déclaration représentera exactement les droits exigibles.

4. *Tarif.* — L'article 5 de la loi du 26 décembre 1890 a fixé le tarif de la taxe ainsi qu'il suit :

60 centimes par mètre carré pour les affiches apposées dans les communes dont la population est de moins de 2,500 habitants ;

75 centimes par mètre carré pour les affiches apposées dans les communes de 2,500 à 40,000 habitants ;

1 franc par mètre carré pour les affiches apposées dans les communes d'une population supérieure à 40,000 habitants ;

1 fr. 50 par mètre carré à Paris.

Ces droits ne sont pas soumis aux décimes.

Pour l'application de ce tarif, il est indispensable que les receveurs chargés de la perception de la taxe connaissent toujours le chiffre officiel de la population des communes de leur circonscription. A cet effet, les directeurs adresseront à ces agents des extraits des décrets qui fixent la population des communes de 2,000 âmes et au-dessus *(Instr. n° 2800)*.

Le tableau des communes de 2,500 habitants et au-dessus, ainsi formé, sera affiché dans chaque bureau. Il relatera la date des décrets qui auront fixé la population en dernier lieu, ainsi que les numéros du *Bulletin des lois,* afin que des renseignements précis puissent être fournis immédiatement aux intéressés en cas de contestation sur le tarif applicable.

Le chiffre de la population *totale* de la commune

devra seul être considéré, à l'exclusion de celui de la population agglomérée.

Enfin l'article 5 de la loi porte expressément que, pour l'application du tarif, toute fraction de mètre carré est comptée pour un mètre carré.

5. *Mode de payement de la taxe.* — Les articles 2 et 3 du règlement du 18 février 1891 offrent aux parties le choix entre deux modes de libération.

Elles ont la faculté : ou d'acquitter immédiatement la taxe pour tel nombre d'années qu'elles jugent convenable, ou de ne payer l'impôt que par année.

Dans l'un et l'autre cas, la déclaration doit mentionner le mode de payement choisi par la partie *(Voir n° 2 supra)*.

La taxe est toujours due pour une année entière.

L'année, quel que soit le mode de payement adopté par les parties, commence à courir pour chaque affiche du jour même de la déclaration.

Si la déclaration ne fixe aucune durée, la taxe annuelle de la seconde année devient exigible de plein droit dans les vingt jours qui suivent l'expiraration de la première année, et la perception est continuée d'année en année dans les mêmes conditions jusqu'à ce qu'il ait été régulièrement déclaré que l'affichage a cessé *(art. 3 du décret, 2e alinéa)* ; à défaut de payement dans ce délai, une amende est exigible.

Lorsque les parties ont souscrit leur déclaration pour un nombre d'années déterminé et que le terme qu'elles ont fixé est arrivé, trois cas peuvent se présenter : — 1º Si les parties veulent encore acquitter la taxe pour plusieurs années, elles sont tenues de passer une nouvelle déclaration indiquant la période pour laquelle elles entendent se libérer. La taxe est liquidée comme la première fois au vu de cette déclaration, qui forme le titre d'une nouvelle dette et doit être rédigée en conséquence, mais peut se référer à la précédente déclaration notamment pour l'indication du texte de l'affiche ; — 2º Si les parties ne veulent plus payer la taxe, elles doivent supprimer l'affiche et faire connaître, par une déclaration régulière qu'elles ont pris ce parti ; — 3º Si les parties ne font pas de déclaration nouvelle, la taxe devient exigible dans les conditions prévues par les déclarations ne fixant pas de durée.

Lorsque le payement a lieu par année et qu'un nouveau recensement fait passer une commune d'une catégorie dans une autre, par suite d'une variation de population, il y a lieu de tenir compte du changement pour la liquidation de la taxe annuelle. Quand, au contraire, la taxe aura été payée d'avance pour plusieurs années, la modification survenue dans le chiffre de la population, soit en plus, soit en moins, restera sans influence sur la perception, à raison du forfait que comporte ce mode spécial de payement.

6. *Modification des affiches.* — En principe, toute affiche modifiée dans une de ses parties depuis l'apposition est considérée comme une affiche nouvelle; il en résulte que toute modification devra donner lieu à une déclaration de suppression, à une déclaration nouvelle d'affichage et au payement d'une nouvelle taxe pour la fin de la période en cours.

Toutefois, le règlement d'administration *(art. 4)* a admis un tempérament en cette matière, en disposant que les commerçants pourront, en cas de cession de fonds de commerce, de changement d'adresse ou de modification apportée au nom ou à la raison sociale de leur maison, faire, sans payement d'un nouveau droit, les modifications relatives au nom, à la raison sociale ou à l'adresse, à la condition de passer au préalable, au bureau compétent, une déclaration spéciale appuyée des *pièces justificatives* nécessaires. Cette déclaration, qui devra être passée dans les conditions prévues pour la déclaration originaire, rappellera le numéro inscrit sur cette déclaration et indiquera avec précision les changements apportés à l'affiche.

Il appartiendra au receveur de se faire représenter les pièces justificatives indispensables, telles que l'acte de cession du fonds de commerce, le nouveau bail du déclarant, ou la délibération constatant la modification de la raison sociale.

Lorsque cette déclaration spéciale sera souscrite en double minute, le double remis à la partie sera revêtu par le receveur d'une mention datée et signée, ainsi conçue : *Déclaration pour ordre annexée à la déclaration n°*

Les receveurs engageraient leur responsabilité s'ils acceptaient dans les mêmes conditions des déclarations relatives à des modifications ne rentrant pas dans les hypothèses prévus par l'article 4 du décret.

7. *Suppression des affiches*. — Les parties qui entendent ne plus acquitter la taxe doivent : 1° supprimer l'affiche avant la fin de l'année ou de la période pour laquelle les droits ont été acquittés, puisque la taxe est annuelle ; 2° et déclarer cette suppression au bureau de l'enregistrement, dans le délai de 20 jours qui suit l'expiration de l'année ou de la période en question. Si la déclaration se produisait après ce délai, elle n'aurait d'effet que pour l'année suivante, et les parties seraient débitrices d'une amende, indépendamment de la taxe d'une année.

La déclaration de suppression est datée et signée par l'intéressé ou par l'entrepreneur d'affichage. Si elle est faite par un mandataire, il y a lieu d'exiger une procuration spéciale lorque la procuration présentée lors de la déclaration originaire ne s'étend pas à ce cas particulier d'après sa rédaction.

Le règlement d'administration publique ne détermine pas les énonciations que doit renfermer la déclaration de suppression. Il suffira donc que cette déclaration contienne les références nécessaires à la déclaration originaire, de manière qu'il n'y ait aucun doute sur l'identité des affiches dont la suppression sera déclarée.

Par une application libérale des dispositions du décret relatives aux affiches anciennes, les agents pourront, à défaut de circonstances frauduleuses, considérer une affiche comme supprimée lorsqu'il aura été procédé à la suppression des mentions essentielles, telles que celles relatives à la raison sociale ou au nom, ou à l'adresse, ou à l'enseigne, qui, selon les cas, servent, à désigner commercialement l'objet de l'affiche.

Ce sera là d'ailleurs une question de fait et d'appré-
ciation au sujet de laquelle il n'est pas possible de fixer
d'avance des règles précises. Une affiche sera reputée
supprimée, en définitive, lorsque, soit par l'œuvre du
temps, soit par le fait de l'homme, elle sera dans un
état tel qu'elle ne puisse plus servir utilement à la
publicité.

8. *Payement des droits. Solidarité.* — L'article 9 de
la loi du 26 décembre 1890 dispose que, pour les affiches apposées à partir du 1er janvier, le payement de
la taxe et des amendes pourra être poursuivi solidairement contre ceux dans l'intérêt desquels l'affiche
aura été opposée et l'entrepreneur d'affichage.

La solidarité établie par cet article sera invoquée
dans tous les cas où le recouvrement des droits paraîtra l'exiger. Mais il conviendra généralement d'adresser les réclamations d'abord à celui des deux débiteurs
qui aura souscrit la déclaration originaire.

Il est à remarquer que la loi déclare tenu solidairement
non pas *celui qui a opposé l'affiche*, mais seulement
l'entrepreneur d'affichage (Voir n° 10 in fine); il
s'ensuit que cette solidarité ne s'étend pas aux peintres,
ouvriers et autres personnes qui procèdent à l'apposition ou à l'inscription des affiches, si ces personnes
n'ont pas la qualité d'entrepreneur d'affichage.

En cas de cession de fonds de commerce, les avertissements pourront être adressés au cessionnaire,
lorsqu'il sera démontré qu'il a, d'après l'acte de cession,
assumé la charge d'acquitter les droits; mais, si des
poursuites devenaient nécessaires, elles devraient

êlre dirigées contre le cédant, à moins que le cessionnaire n'ait souscrit lui-même une déclaration de renouvellement.

SECTION II

9. *Observations préliminaires.* — Le règlement du 18 février 1891 a établi des règles nouvelles en ce qui concerne les entrepreneurs d'affichage.

Les articles 6 et 7 ont imposé à ces industriels des obligations particulières, destinées à permettre à l'Administration d'exercer son contrôle sur leurs opérations, et l'article 8 les a autorisés, sous réserve de l'accomplissement de certaines conditions, à suppléer les receveurs de l'enregistrement pour la réception des déclarations et des payements successifs de la taxe. Cette dernière innovation, admise dans le but de faciliter l'application de la loi nouvelle, sera certainement accueillie avec faveur, aussi bien par les particuliers et les entrepreneurs d'affichage que par les receveurs dont la tâche se trouvera par là même notablement simplifiée.

10. *Définition de l'entrepreneur d'affichage.* — Bien que la loi et le décret n'aient rien spécifié à cet égard, il y aura lieu de considérer que les seuls industriels visés tant par l'article 9 de la loi du 26 décembre 1890 que par les articles 6, 7 et 8 du décret du 18 février 1891 sont ceux qui s'occupent spécialement de l'appo-

sition et de l'entretien des affiches assujetties à la taxe
annuelle. En conséquence, ces dispositions ne seront
appliquées ni aux entrepreneurs qui s'occupent *exclusivement* de la pose des affiches sur papier, ni aux entrepreneurs de peinture et ouvriers peintres qui inscrivent
accidentellement des affiches peintes pour le compte
des particuliers, ni aux industriels qui impriment ou
fabriquent des affiches sur bois, sur toile, sur verre,
sur tôle ou sur émail, sans se livrer habituellement à
l'industrie de l'apposition des affiches qu'ils fabriquent.

Seront, au contraire, traités comme entrepreneurs
d'affichage 1º ceux qui auront pris cette qualité en sous-
crivant la déclaration d'existence prévue par l'article 6
du décret; 2º les commerçants qui acquitent une patente
spéciale sous le nom *d'entrepreneurs de la pose et de
la conservation des affiches.*

11. *Déclaration d'existence.* — Aux termes de l'article
6 du décret, les entrepreneurs d'affichage sont tenus,
avant de commencer leurs opérations, de faire, au bureau de l'enregistrement du siège de leur établissement,
et à celui du siège de chaque agence, une déclaration
constatant la nature de leur industrie, leur nom et celui
de leur agent local.

Ces déclarations, rédigées sur papier non timbré,
datées et signées, soit par l'intéressé, soit par un mandataire muni d'une procuration annexée, seront inscrites à leur date sur le registre de recette des droits de
timbre, et enliassées par année.

Les noms des entrepreneurs d'affichage et de leurs
agents locaux seront relevés, dans chaque bureau, sur

un tableau qui sera établi sur le même registre que l'état des mercuriales *(Instr. n° 2720-154)*.

12. *Répertoire.* — L'article 7 du règlement d'administration publique impose à tous les entrepreneurs d'affichage l'obligation de tenir, *au siège de leur établissement et dans chaque agence*, à partir du 1er mars 1891, un répertoire sur lequel ils porteront, par ordre de date, les affiches peintes et autres affiches soumises à la taxe annuelle, qui auront été inscrites par leur intermédiaire.

Ce répertoire, ayant pour objet exclusif d'assurer le contrôle de l'Administration et de faciliter le recouvrement de l'impôt, ne sera pas sujet à l'impôt du timbre.

Il sera coté, parafé et visé par le juge de paix du domicile de chaque entrepreneur ou agent local.

La dimension et la forme de ce répertoire ne sont pas réglementées par le décret du 18 février 1891 qui se borne à indiquer les énonciations qu'il devra contenir. Ce sont : 1° le nom de la personne pour laquelle l'affiche est apposée ; 2° la dimension de l'affiche ; 3° la désignation de tous les emplacements où doivent être placés les divers exemplaires ; 4° l'indication du droit payé ; 5° la date et le numéro de la quittance.

L'omission de ces indications ou de l'une d'elles constituera, pour chaque affiche, une contravention punie de l'amende prévue par l'article 8 de la loi.

L'indication des emplacements des affiches pourra se faire très sommairement à la condition cependant qu'aucune confusion ne puisse se produire.

Certaines entreprises d'affichage étendant leurs

opérations dans plusieurs départements, il arrivera
souvent que la taxe n'aura pas été payée au bureau de
l'enregistrement du siège de l'entreprise ou de l'agence.
L'entrepreneur ou son agent pourra, dans ce cas,
mentionner, dans une colonne spéciale, le nom du
bureau où les droits ont été payés, afin de préciser et
d'abréger les indications relatives à l'emplacement des
affiches.

Le répertoire sera présenté, sous peine d'amende,
au visa des receveurs, dans les dix premiers jours de
chaque trimestre, conformément aux dispositions de
l'article 51 de la loi du 22 frimaire, an VII. Il devra
être communiqué, en outre, à toute réquisition, aux
préposés.

13. *Conditions imposées aux entrepreneurs qui désireront recevoir les déclarations et les payements.* —
Aux termes de l'article 8 du décret, les entrepreneurs
d'affichage qui ont présenté une caution solvable agréée
par l'Administration et qui ont contracté l'engagement de représenter à toute requisition tous leurs
registres et traités aux préposés de l'enregistrement,
sont autorisés à recevoir les déclarations particulières
et les payements afférents à ces déclarations.

Les entrepreneurs qui désireront jouir de cet avan-
tage remettront au receveur de leur résidence un acte
édigé sur papier timbré en ces termes : « Les soussi-
« gnés... déclarent s'engager, le premier en qualité
« d'entrepreneur d'affichage, le second en qualité de
« caution, à accomplir toutes les obligations pouvant

« résulter soit des articles 5 à 10 de la loi du 26
« décembre 1890, soit du décret 18 février 1891, sur les
« affiches peintes. Le premier s'oblige spécialement à
« représenter à toute réquisition tous ses registres et
« traités aux préoosés de l'enregistrement, aussi bien
« dans son établissement principal que dans ses diver-
« ses agences et ses bureaux auxiliaires. Ces divers
« engagements recevront leur exécution à compter du
jour où l'acceptation de la caution sera notifiée à
« l'entrepreneur d'affichage dans la forme administra-
« tive. » Les deux signatures devront être légalisées.

Si l'Administration a un réel intérêt, au point de vue
de la simplification du service et de l'exercice de son
droit de contrôle, à donner aux entrepreneurs le moyen
de profiter de la faculté qui leur est ouverte par le
decret du 18 février 1891, il convient, à un autre point
de vue, qu'elle se montre très prudente lors de l'acceptation des cautions, attendu que toute acceptation incon-
sidérée aurait pour résultat de compromettre grave-
ment les intérêts du Trésor. Les payements effectués
par les particuliers entrepreneurs constitués auxiliaires
du Trésor les libéreront, en effet, d'une manière définitive, et, en cas de faillite ou de malversations des
entrepreneurs, l'Aministration n'aurait de recours que
contre les cautions.

Le receveur du domicile de l'entrepreneur fera
immédiatement une enquête très approfondie sur la
solvabilité de la caution, à qui il demandera, s'il y a
lieu, des justifications. Il transmettra les résultats de
son enquête au directeur dans un rapport en la forme
ordinaire contenant son avis et ses propositions. Le

directeur statuera sur l'admission de la caution, après avoir contrôlé et, au besoin, complété les renseignements fournis par le receveur.

L'acception de la caution sera notifiée par le receveur tant à l'entrepreneur qu'à la caution. Elle sera, en outre, portée, par des renvois sommaires, à la connaissance des receveurs des bureaux dans la circonscription desquels l'entrepreneur aura des agences.

Enfin les noms des cautions seront consignés dans un article ouvert en forme de tableau au sommier des droits en surveillance afin que la solvabilité de chacune d'elles soit vérifiée périodiquement.

14. *Réception des déclarations et payements. Registre spécial.* — Les entrepreneurs qui ont présenté et fait agréer une caution sont admis à recevoir, au siège de leur établissement et dans leurs agences, les déclarations particulières prévues par le décret du 18 février 1891.

Les déclarations doivent être rédigées en double minute et dans les mêmes conditions que si elles devaient être immédiatement déposées au bureau de l'enregistrement. Les entrepreneurs peuvent les signer eux-mêmes. Ils conservent l'un des doubles et inscrivent la quittance des droits sur l'autre double destiné à la partie.

Dans chacun de leurs établissements ils enregistrent immédiatement les déclarations, sans blanc ni interligne, sur un registre spécial conforme au modèle arrêté par l'Administration *(voir annexe B)*. Ils ont à se pourvoir de ce registre, à leurs frais, et à le faire coter et parafer par le directeur de l'enregistrement du département, avant d'en faire usage (*art. 8 du décret*).

Les payements effectués par les particuliers à l'expiration des périodes fixées par les déclarations originaires seront mentionnés, à leur date, et sous un numéro particulier, sur le registre spécial.

Pour que ce registre ne soit pas surchargé d'écritures compliquées, à l'occasion de ces recettes, chaque payement fait sans déclaration donnera lieu à la création d'un bulletin conforme au modèle annexé, avec une référence à la déclaration originaire(*voir annexe C*).

Les déclarations de suppression d'affichage et les déclarations pour ordre, prévues par l'article 4 du décret, devront être également inscrites au registre spécial, pour former preuve, au point de vue de l'observation des délais.

Dans chaque établissement, les inscriptions auront lieu avec une seule série de numéros, non pas par année, mais pour toute la durée des opérations de l'établissement.

Le numéro et la date de l'inscription au registre spécial devront être indiqués, d'une manière très apparente, à côté du nom de l'entrepreneur d'affichage, sur tous les exemplaires des déclarations ainsi que sur les bulletins se rapportant aux payements enregistrés.

15. *Quittances des entrepreneurs.* — Les entrepreneurs, agissant dans la circonstance en qualité d'auxiliaires du Trésor, devront délivrer, pour chaque recette la quittance que le receveur de l'enregistrement aurait dû lui-même délivrer, d'après les dispositions de l'article 4 de la loi du 8 juillet 1815. Il en résulte que, lorsque la recette sera supérieure à 10 francs, ils devront apposer un timbre de 25 centimes et non de 10 centimes (*Cass. 16 avril 1878, Instr. n. 2597 § 8*).

En conséquence, les entrepreneurs qui auront présenté et fait agréer une caution devront être munis d'un carnet d'achat conforme au modèle annexé à l'Instruction n° 2328 et sur lequel seront inscrits les achats de timbres à 25 centimes qu'ils feront au bureau de leur résidence. La comparaison de ce carnet avec le registre spécial permettra de reconnaître si les entrepreneurs ont régulièrement apposé des timbres sur les quittances par eux délivrées.

L'oblitération de ces timbres se fera à l'encre grasse, au moyen de griffes portant les lettres EA. Ces griffes seront fournies aux entrepreneurs, à leurs frais, par l'industriel chargé de la fabrication des griffes des bureaux d'enregistrement.

16. *Règlements trimestriels.* — Dans les dix premiers jours de chaque trimestre, et pour chacun de leur établissements, les entrepreneurs qui auront présenté et fait agréer une caution déposeront ou feront déposer au bureau de l'enregistrement : 1° le registre spécial ; 2° toutes les déclarations reçues, dans le cours du trimestre expiré, et les bulletins créés lors de chaque payement effectué, en vertu d'une déclaration antérieure ; 3° un état détaillé de ces déclarations et bulletins, pour chaque bureau d'enregistrement, pour le compte duquel des opérations auront été faites ; 4º un état récapitulatif des totaux des états détaillés ; 5º et le montant total des sommes encaissées pour le compte du Trésor, d'après l'état récapitilatif.

Chaque état détaillé reproduira, sous une forme abrégée, les énonciations du régistre et contiendra les division suivantes : 1º déclarations d'affichage ; 2º déclarations de suppression et déclarations pour ordre ; 3º bulletins de payement *(voir annexe D)*. Le montant des droits sera totalisé pour chaque paragraphe.

Le receveur visera et rendra le registre spécial, après s'être assuré de la concordance des états détaillés et des enregistrements du dernier trimestre. Il délivrera à l'entrepreneur une quittance unique. Il fera recette pour son compe de la totalité des droits versés, en ayant soin seulement d'émarger chaque état détaillé d'un certificat de recette et d'indiquer sur son registre de recette le total des droits afférents aux déclarations et bulletins de chaque bureau. Il conservera l'état récapitulatif. Il transmettra à ses collègues, par l'entremise de la direction, et sans écritures particulières : 1º l'état détaillé de chaque bureau ; 2º les déclarations d'affichage, les déclarations de suppression, les déclarations pour ordre et les bulletins de payement.

17. *Retrait de l'autorisation.* — L'autorisation de recevoir des déclarations peut être retirée dans quatre cas, énumérés dans le dernier paragraphe de l'article 8 du décret, savoir : 1º en cas de contravention ; 2º si l'entrepreneur est déclaré en faillite ; 3o s'il est mis en état de liquidation judiciaire ; 4° si la caution cesse d'être solvable.

Dans la première hypothèse, le retrait ne devra être provoqué que si l'intérêt du Trésor paraît l'exiger.

Dans le cas de faillite ou de liquidation judiciaire, le retrait devra toujours être provoqué d'urgence, à moins que le syndic de la faillite ou le liquidateur dûment autorisé ne consente à s'engager, par un écrit formel, au nom de la masse des créanciers, et avec une caution, à verser aux époques réglementaires, toutes les sommes encaissées pour le compte du Trésor. Les directeurs statueront, après information, sur les propositions que les syndics ou liquidateurs pourraient présenter dans ce cas particulier.

Si la caution cessait d'être solvable, et si les intérêts du Trésor ne paraissaient pas en péril immédiat, il conviendrait, avant de provoquer le retrait de l'autorisation, de mettre l'entrepreneur en demeure d'en présenter une nouvelle dans un très bref délai.

Le retrait devant être prononcé par une décision du Directeur général, les directeurs adresseront, quand il y aura lieu, à l'Administration, un rapport en la forme ordinaire, sous le timbre de la 1re division (2e bureau). Les agents du service départemental prendront, en attendant la décision, les mesures conservatoires nécessaires, suivant les circonstances.

18. *Cessions d'entreprises d'affichage. Obligations du cédant et du cessionnaire.* — En droit, il n'est pas douteux que l'entrepreneur d'affichage, qui a cessé d'exploiter son industrie ou cédé son entreprise, continuera à être tenu solidairement des droits et amendes dus à l'occasion des affiches apposées par son intermédiaire. Mais il conviendra de n'agir contre lui qu'autant que le débiteur principal serait tout à fait insolvable.

Les entrepreneurs pourront, d'ailleurs, prévenir eux-mêmes des difficultés à cet égard, en ayant la précaution d'insérer dans leurs contrats de cession de clientèle, des clauses mettant expressément à la charge du cessionnaire la responsabilité dont il s'agit.

Il est à noter, en outre, qu'au cas où le nouvel entrepreneur exécuterait sur l'affiche ancienne des travaux d'entretien ou des modifications *(art. 4 du décret)*, il deviendrait par là-même directement responsable.

Avant de commencer ses opérations, le nouvel entrepreneur sera toujours tenu de faire la déclaration prescrite par l'article 6 du décret.

Il convient d'ajouter qu'il ne pourrait recevoir des déclarations particulières et des payements dans les conditions déterminées par l'article 8 du décret qu'après avoir rempli, avec la caution de son prédécesseur ou une nouvelle caution, les formalités nécessaires d'après le décret.

SECTION III

MANUTENTION. — CONTRAVENTIONS. — CONTRÔLE

19. *Registre de recette. Quittances.* — La recette de la taxe sur les affiches peintes continuera à être faite sur le registre d'enregistrement des actes sous seing privés et du visa pour timbre.

Chaque receveur classera par ordre de réception et numérotera en une seule série qui se continuera indéfiniment toutes les déclarations d'affichage passées depuis le 1er janvier 1891. Ces déclarations seront émargées, en outre, d'une mention indiquant la date et le numéro de l'enregistrement en recette.

Le numéro de chaque déclaration sera reproduit en tête de la quittance inscrite sur le double de la déclaration remis à la partie.

Lorsque le payement de la taxe sera effectué en vertu d'une déclaration ancienne et sans dépôt d'une nouvelle déclaration, les agents délivreront aux parties une quittance extraite du registre à souche des quittances de droits de locations verbales, en modifiant les formules de la manière la plus simple. Les mêmes imprimés seront utilisés pour la reconnaissance des payements trimestriels effectués par les entrepreneurs d'affichage dans le cas prévu par l'article 8 du décret.

20. *Classement et annotation des déclarations.* — Le classement méthodique et régulier des déclarations d'affichage étant le seul moyen d'assurer sans de trop nombreuses difficultés le recouvrement des taxes exigibles, il est recommandé aux receveurs d'apporter à ce travail la plus grande attention.

Il n'y aura, dans chaque bureau, *en ce qui concerne les déclarations reçues directement par les receveurs,* qu'une seule liasse de déclarations en cours.

Les déclarations de modification d'adresse ou de

raison sociale seront annexées à la déclaration originaire, ainsi que les déclarations de suppression *partielle* et les déclarations souscrites pour de nouvelles périodes dans les cas prévus par l'article 3 du décret. Ces différentes déclarations porteront toutes le numéro de la déclaration originaire.

Les receveurs réuniront dans le même ordre numérique, mais dans une liasse distincte, les déclarations de la même catégorie *relatives à des affiches supprimées*.

Deux liasses semblables, l'une pour les déclarations en cours, l'autre pour les affiches supprimées, seront créées également *pour chacun des entrepreneurs autorisés*, domiciliés ou non dans le ressort du bureau, qui auront fait des opérations pour le compte de ce bureau. Chaque entrepreneur ayant une série de numéros particulière, il sera, en effet, nécessaire pour la commodité et la sûreté des recherches que toutes les déclarations reçues par le même entrepreneur soient classées ensemble, dans l'ordre des numéros du registre spécial.

Les agents pourront, d'ailleurs, lorsque l'importance des bureaux le comportera, compléter les mesures qui viennent d'être indiquées par l'établissement d'une table mobile des noms des déclarants ou des emplacements.

Les directeurs pourront même autoriser, à titre d'expériences, telles dérogations aux règles ci-dessus qu'ils jugeront convenables.

21. *Surveillance des échéances.* — Les receveurs surveilleront les échéances en revisant périodiquement, et au moins deux fois par an, les feuilles de déclarations. Ils annoteront sur les feuilles elles-mêmes, toutes les fois qu'il y aura un espace suffisant : 1º les payements successifs des termes ; 2º et les dates des avertissements adressés aux redevables. Lorsque les déclarations ne présenteront pas un espace blanc suffisant pour les annotations, les receveurs y annexeront une feuille en blanc.

Ils n'ouvriront un article au sommier des découvertes qu'autant qu'une amende sera exigible.

Ils ne perdront pas de vue que le défaut de payement, dans le delai de 20 jours fixé par l'article 3 du décret, entraîne l'exigibilité d'une amende ; mais, par suite de la faculté de recevoir les payements, accordée aux entrepreneurs d'affichage par l'article 8 du décret, les réclamations ne devront être adressées qu'après la réception des déclarations et des payements afférents au trimestre pendant lequel le délai sera échu.

22. *Constatation des contraventions.* — D'après l'article 10 du décret, les contraventions, tant à la loi du 26 décembre 1890 qu'aux dispositions du décret, sont constatées par des procès-verbaux rapportés, soit par les préposés de l'administration de l'Enregistrement, des Domaines et du Timbre, soit par les commissaires de police, gendarmes, gardes champêtres et tous autres agents de la force publique.

Aucune modification n'est apportée sur ce point à la législation antérieure.

Les contraventions constatées par les agents de la force publique, pour des affiches apposées depuis le premier janvier 1891, seront constatées par un procès-verbal dressé immédiatement, à moins que l'agent ne juge utile de se renseigner préalablement auprès du receveur de l'Enregistrement.

Au contraire, les contraventions relevées par les préposés de l'Enregistrement, ne feront l'objet d'un procès-verbal que si l'intérêt du Trésor l'exige et notamment si la preuve des infractions ne peut résulter des déclarations ou documents du bureau.

23. *Attributions d'amendes.* — Aux termes de l'article 11 du décret, il est accordé, à titre d'indemnité, aux gendarmes, gardes champêtres et autres agents de la force publique qui ont constaté les contraventions, un quart des amendes payées par les contrevenants.

Il est à noter que les commissaires de police et les préposés de l'enregistrement n'ont pas droit à cette indemnité. Le nouveau décret s'est borné à reproduire, à cet égard, les dispositions du décret du 25 août 1852.

24. *Pénalités.* — En principe, toute contravention aux dispositions soit de la loi, soit du décret, est punie d'une amende de cent francs en principal. L'article 8 de la loi du 26 décembre 1890 est formel sur ce point.

Toutefois, comme le défaut absolu de déclaration et de payement ne donne lieu qu'à une seule amende pour chaque exemplaire d'affiche, il serait anormal de réclamer plusieurs amendes par exemplaire d'affiche lorsque les redevables ont acquitté la taxe en commettant plusieurs irrégularités.

En outre, lors que la contravention résultera d'un simple retard dans le payement des droits dus pour plusieurs exemplaires d'affiche compris dans une seule déclaration d'affichage, les agents ne relèveront qu'une amende par année.

Dans la plupart des autres cas, il sera dû une amende par chaque exemplaire d'affiche en contravention, notamment lorsque les contraventions consisteront dans les infractions suivantes : 1° l'apposition d'affiches sans déclaration préalable ; 2° l'omission, sur les affiches, des mentions prévues par les articles 5 et 8 du décret ou de l'une d'elles ; 3° la déclaration inexacte de la dimension des affiches.

25. *Procédure. Instances.* — La loi du 26 décembre 1890 disposant explicitement que la taxe nouvelle *est un droit de timbre*, et n'ayant, d'autre part, édicté aucune des pénalités correctionnelles portées par l'article 30 de la loi du 8 juillet 1852, la procédure devant les tribunaux de police correctionnelle organisée par l'article 7 du décret du 25 août 1852 est abolie, ce qui rendra la répression des contraventions moins rigoureuse et plus facile.

L'article 9 du décret du 18 février 1891 consacre cette modification, en disposant formellement que les instances pour le recouvrement des droits et amendes fixés par la loi du 26 décembre 1890 seront suivies dans la forme et d'après les règles établies par la législation spéciale au timbre.

Il en résulte que tous les procès-verbaux devront être rédigés sur papier timbré, à la requête du

Directeur général de l'Enregistrement et enregistrés au comptant, comme en matière d'affiches sur papier.

26. *Indications à apposer sur les affiches en vue du contrôle.* — L'article 3 du décret du 25 août 1852 prescrivait d'inscrire lisiblement au bas de chaque exemplaire de l'affiche le numéro de cet exemplaire et celui du permis d'affichage. Dans le même sens, le décret du 18 février 1891 impose aux redevables l'obligation de mentionner sur chaque exemplaire d'affiche le numéro et la date du payement des droits.

Cette mention variera suivant que les déclarations auront été reçues par les receveurs directement ou par les entrepreneurs d'affichage.

Dans le premier cas, l'affiche devra porter, dans la partie inférieure, *à gauche*, l'indication de la date et du numéro de la quittance du receveur *(art. 5 du décret)*.

Si la déclaration a été reçue par un entrepreneur, l'affiche devra présenter, dans la partie inférieure, *à droite*, le nom de l'entrepreneur, ainsi que la date et le numéro de l'inscription de la déclaration au registre spécial de l'entrepreneur *(art. 8, al. 3 du décret)*.

Dans l'un et l'autre cas la mention devra être apposée en caractères suffisamment apparents, pouvant se distinguer avec la même facilité que les indications inscrites dans un but de publicité.

27. *Ouvriers peintres. Obligations spéciales.* — Aux termes du deuxième alinéa de l'article 5 du décret et du cinquième alinéa de l'article 8, les personnes chargées de l'inscription de l'affiche sont tenues, pendant l'exécution des travaux, de représenter à tous les agents chargés de constater les contraventions, l'exemplaire de la déclaration remis à la partie, ou un duplicata régulier de cette déclaration, ou (dans le cas prévu par l'article 8) un bulletin indiquant le numéro d'ordre sous lequel l'affiche figure sur le registre de l'entrepreneur d'affichage. Elles doivent interrompre les travaux si elles ne peuvent représenter l'une de ces pièces.

Ces dispositions sont destinées à faciliter dans une large mesure la tâche des agents de contrôle. Dans les villes surtout, la présence d'un ouvrier travaillant à l'apposition d'une affiche ne passe jamais inaperçue, et les agents de la force publique chargés de la surveillance des voies publiques pourront aisément reconnaître, à cet instant, si les prescriptions légales ont été observées.

Lorsque plusieurs ouvriers devront travailler simultanément, et sur plusieurs points, à l'apposition des divers exemplaires d'une même affiche, les redevables auront à établir, le cas échéant, les duplicata des déclarations, et à les faire certifier par le receveur.

Le fait de ne pas représenter la pièce justificative prévue par les articles 5 et 8 du décret ne constituera pas une contravention, mais l'ouvrier devra interrompre son travail. A défaut d'interruption, ou en cas de reprise sans justification à première réquisition, l'amende de 100 francs serait encourue solidairement par l'auteur de l'affiche et l'entrepreneur civilement responsable.

28. *Contrôle des agents de la force publique —*

L'importance de la taxe substituée. à l'ancien droit d'affichage impose à tous les agents chargés de concourir à l'exécution de la nouvelle loi l'obligation de rechercher et de constater les contraventions avec zèle et vigilance.

En ce qui concerne les affiches apposées depuis le 18 février 1891, la surveillance des agents de la force publique devra porter principalement sur l'inscription des mentions exigées par les articles 5 et 8 du décret (*voir n° 26 supra*). Lorsque des agents rencontreront une affiche ne portant pas ces indications et qu'il leur paraîtra certain, d'ailleurs, d'après l'aspect extérieur de l'affiche, ou d'après leurs souvenirs, qu'il ne s'agit pas d'une affiche antérieure au 18 février 1891, ils devront rédiger immédiatement un procès-verbal.

C'est aussi aux agents de la force publique qu'il appartiendra de demander aux ouvriers occupés à l'apposition d'affiches nouvelles la justification prévue par les articles 5 et 8 du décret et de dresser procès-verbal en cas de continuation ou de reprise des travaux sans cette justification (*voir n° 27 supra*).

Les receveurs auront, en outre, à réclamer le concours des agents de la force publique pour s'assurer si les affiches ayant donné lieu à des déclarations de suppression ont été réellement supprimées. Les directeurs se concerteront avec les préfets, s'il y a lieu, pour faire désigner les gendarmes ou autres agents qui seront chargés de ces reconnaissances. Les receveurs établiront pour chaque vérification les bulletins nécessaires, sur des imprimés fournis par l'Administration. Lorsque les affiches auront été effectivement supprimées, les agents se borneront à dater et signer les bulletins qui leur auront été remis. Lorsqu'elles n'auront pas été supprimées, ils constateront leur existence par un procès-verbal en forme. Les déclarations de suppression ne seront classées dans les liasses des affiches supprimées qu'après cette vérification, à moins que les directeurs n'en décident autrement, à titre exceptionnel, dans des cas particuliers.

29. *Contrôle des agents de l'enregistrement.* — Les receveurs auront particulièrement à surveiller les payements annuels, d'après les déclarations des redevables. Ils devront, en outre, toutes les fois que cela leur sera possible, s'assurer par épreuve de l'exactitude des mentions de date et de numéro inscrites au bas des affiches et de la sincérité des déclarations en ce qui concerne la dimension et le texte des affiches. Ils étendront plus ou moins ces vérifications suivant les circonstances.

Les employés supérieurs procéderont eux-mêmes à des vérifications analogues et mentionneront, chaque année, sur les dossiers des vérifications extérieures *(Instr. n° 2721, art. 123 et annexe C)*, les localités, rues, places ou lieux publics qui auront été plus spécialement l'objet de leur attention au cours de la vérification de chaque bureau, afin que, l'année suivante, l'examen porte de préférence sur des endroits différents.

Les répertoires de tous les entrepreneurs d'affichage seront vérifiés par les agents de perception et de contrôle, et rapprochés par épreuve des liasses de déclarations.

D'après les répertoires des entrepreneurs payant la taxe dans les conditions générales fixées par les articles 1 à 3 du décret, les agents vérificateurs pourront relever, sur des bulletins de contrôle, le montant des droits de certaines affiches apposées dans le ressort d'autres bureaux.

Les opérations des entrepreneurs payant la taxe dans les conditions spéciales déterminées par l'article 8 du décret devront être l'objet d'une surveillance discrète, mais continuelle, de la part de tous les agents du service départemental. Le registre spécial devra être visé au moins une fois par trimestre et soigneusement rapproché du répertoire ainsi que des déclarations et bulletins de payement. Il conviendra, d'autre part, d'user dans une large mesure, du droit de contrôle sur les registres, traités et documents de toute nature que les entrepreneurs devront communiquer. L'examen des traités passés avec les particuliers fournira particulièrement de précieux moyens de contrôle, même pour les affiches antérieures au 1er janvier 1891. Les agents s'assureront aussi, lors des vérifications, que le nombre des timbres mobiles de 25 centimes employés concorde avec les énonciations du registre spécial.

SECTION IV

DISPOSITIONS TRANSITOIRES

30. *Observations générales.* — D'après les dispositions de l'article 6 de la loi du 26 décembre 1890, les affiches apposées avant le 1er janvier 1891 et dont l'existence sera constatée deux mois après la promulgation de la loi, c'est-à-dire après le 27 février 1891, seront assujetties à la nouvelle taxe.

Les intéressés ont eu, en conséquence, pendant un délai de deux mois, la faculté de faire disparaître leurs affiches. Ce délai est expiré, et la taxe est due pour toutes les affiches actuellement existantes, au moins pour une année.

L'attention du public a été particulièrement appelée sur ces dispositions par un avis inséré au *Journal Officiel* du 15 février 1891 (page 743).

D'autre part, pour faciliter autant que possible l'application de la nouvelle loi dans la période transitoire, il a été décidé que le recensement de toutes les affiches anciennes existant à la date du 27 février 1891 serait effectué par les soins de l'Aministration, et que les parties pourraient, pour se libérer, attendre l'avertissement du receveur, l'amende pour défaut de payement ne devenant exigible, dans ce cas spécial, qu'à défaut de libération dans le délai de vingt jours à compter de la remise de l'avertissement.

C'est ce qui résulte de l'article 12 du décret du 18 février 1891 pour l'exécution duquel les agents se conformeront aux prescriptions ci-après, avec toute la célérité possible.

31. *Classement des déclarations d'affichage antérieures au 1er janvier 1891.* — La première opération du recensement consistera dans le classement, par ordre alphabétique, de toutes les déclarations d'affichage reçues dans les dernières années. Ce classement portera d'abord sur une période de dix années (de 1881 à 1890), et sera étendu à dix autres années (de 1871 à 1880) dans les bureaux où les exigences du service le permettront.

Le seul nom à considérer pour ce classement sera celui de *l'auteur de l'affiche*, à l'exclusion de celui de l'entrepreneur d'affichage, qui ne sera tenu à aucune obligation pour les affiches antérieures au 1er janvier 1891, d'après le texte de l'article 9 de la loi du 26 décembre 1890.

32. *Préparation des bulletins de recensement.* — Les receveurs établiront ensuite, au vu des déclarations, un bulletin pour chaque exemplaire d'affiche.

Les imprimés dont ils se serviront à cet effet, et dont tous les bureaux seront incessamment approvisionnés, comprennent trois parties.

Dans le première partie, le receveur inscrira le nom, la profession et le domicile de l'auteur de l'affiche ancienne, et mentionnera *très exactement* l'emplacement de l'affiche. Lorsque la déclaration ne permettra pas d'inscrire d'une manière complète et précise les indications relatives à l'auteur de l'affiche, il y aura lieu de faire connaître, autant que possible, le nom et le domicile de l'entrepreneur d'affichage, le numéro de la déclaration inscrit au bas de l'affiche et l'objet de l'affiche, de manière à faciliter les recherches des agents chargés du recensement sur place.

La deuxième partie du bulletin contient les formules nécessaires pour constater très rapidement l'existence ou la suppression de l'affiche et la troisième ne comprend que des explications destinées à rendre le travail des auxiliaires de l'Aministration plus sûr et plus prompt.

33. *Concours des agents de la force publique. Entente avec les préfets.* — M. le Ministre de l'Intérieur a décidé, le 21 février 1891, sur la demande de son collégue des Finances, que les agents de la force publique, désignés dans l'article 10 du décret du 18 février 1891, prêteront leur concours aux agents de l'Enregistrement pour assurer l'exécution de ce décret. Il y aura lieu de réclamer ce concours pour les opérations extérieures qui ne sont pas compatibles avec les travaux ordinaires des receveurs, notamment pour le recensement des affiches et la remise des avertissement. Les directeurs auront à se concerter en conséquence avec le préfet de leur département, pour arrêter, suivant les circonstances et d'après les exigences des divers services, les mesures à prendre en vue de ces opérations. L'Administration compte sur leur tact pour discerner ce qui devra être spécialement réglementé dans les rapports des receveurs avec les gendarmes et autres agents de la force publique, en ce qui concerne, par exemple, les époques de transmission des documents préparés par les receveurs, le renvoi de ces documents et la forme des transmissions, soit par l'intermédiaire de la préfecture elle-même, soit par celui des commandants de gendarmerie ou des maires. Des exemplaires de la présente Instruction seront remis aux préfets et aux procureurs de la République, par les soins des directeurs.

34. *Récolement des affiches sur place. Rôle des agents de la force publique.* — Dès que les bulletins seront terminés, les receveurs les classeront par commune ou quartier, conformément aux instructions des directeurs.

Ils joindront à chaque liasse un certain nombre de bulletins en blanc destinés à constater l'existence des affiches pour lesquelles des bulletins n'auraient pas été préparés, soit parce qu'aucune déclaration n'aurait été faite, soit pour toute autre cause.

Les gendarmes, gardes champêtres et autres agents de la force publique, après avoir reçu, soit directement, soit par l'intermédiaire de leurs supérieurs hiérarchiques, les bulletins relatifs à la zone dans laquelle ils doivent opérer, examineront avec attention les emplacements signalés par ces bulletins, et ils dateront et signeront l'une des trois formules de certificats, suivant qu'ils auront constaté l'existence de l'affiche, sa suppression complète ou la disparition de ses parties essentielles.

Lorsqu'ils constateront l'existence d'affiches pour lesquelles aucun bulletin n'aura été préparé, ils rempliront eux-mêmes un bulletin en blanc, en inscrivant aussi complètement que possible les renseignements portés dans le cadre de la première partie, et ils dateront et signeront le certificat n° 1.

Les receveurs auront d'ailleurs à faciliter la tâche des agents de la force publique en leur fournissant verbalement tous les renseignements nécessaires.

Ils auront également à accomplir, soit eux-mêmes, soit avec l'aide de surnuméraires ou autres agents assermentés, toutes les opérations extérieures dont les directeurs jugeront utile de les charger.

35. *Classement des certificats de recensement.* — A mesure qu'ils recevront les bulletins de recensement, revêtus de certificats réguliers, les receveurs les classeront, par ordre alphabétique, avec les anciennes déclarations.

Les déclarations concernant les affiches complètement supprimées seront retirées de la liasse générale et classées à part, avec les certificats de suppression se rapportant à chacune d'elles.

Dès que le recensement sera terminé, les receveurs retireront également de la liasse générale les pièces relatives à des affiches pour lesquelles la nouvelle taxe aura été payée depuis le 1er janvier 1891. Ils annexeront ces pièces aux nouvelles déclarations souscrites pour ces affiches.

Les autres certificats serviront à former, avec les déclarations anciennes, un rôle mobile de recouvrement.

Toutefois les certificats établis par les agents de la force publique sur des bulletins en blanc devront être l'objet d'un examen spécial, suivant les circonstances, quand il ne sera pas possible, soit de retrouver l'ancienne déclaration, soit de faire dresser un procès-verbal de contravention. Il en sera référé au directeur lorsque la situation l'exigera.

36. *Avertissements.* — Le délai de vingt jours qui a été fixé pour l'acquittement des droits et dont l'échéance rendra l'amende exigible, courant du jour de la *remise* et non du jour de l'envoi de l'avertissement, des mesures spéciales ont dû être arrêtées en vue d'assurer la constatation de cette remise pour chaque avertissement.

La publicité par voie d'affiches peintes étant surtout usitée par des maisons de commerce d'une certaine importance, beaucoup de relevables auront à recevoir un certain nombre d'avertissements. Il a paru que cette circonstance pourrait faciliter notablement la notification, avec quelques précautions, et au moyen de formules spéciales destinées à simplifier le travail des agents.

Lorsqu'il s'agira d'affiches intéressant ces maisons, les receveurs adresseront les avertissements *non datés* au titulaire du bureau dans la circonscription duquel les auteurs des affiches auront leur principal établissement. Les avertissements qui seront ainsi réunis, seront remis aux destinataires, avec les constatations nécessaires, par des agents assermentés, dans un délai qui pourra varier suivant les instructions des directeurs. L'agent qui effectuera la remise devra dater préalablement les avertissements, détacher les talons des formules, les annoter de la date de la remise et les renvoyer ou faire renvoyer aux bureaux compétents.

Dans le cas ou il ne paraîtra pas possible de procéder ainsi, les avertissements seront adressés par la poste, comme *imprimés recommandés*, et le récépissé délivré par la poste sera annexé au talon de l'avertissement, des renseignements seraient au besoin puisés dans les registres de l'Administration des postes. Les receveurs feront l'avance des frais d'envoi, au titre des frais de poursuites et d'instances ; ils pourront n'en porter le montant en dépense que le dernier jour du mois, et la régularisation sera provoquée en une seule fois, à la fin de la période transitoire.

En toute hypothèse, afin d'éviter des contestations ultérieures au sujet du point de départ du délai de vingt jours, il conviendra de conserver les lettres et notes des redevables qui pourraient prouver que l'avertissement a été remis. Lorsque les redevables se présenteront au bureau porteurs de l'avertissement pour demander des éclaircissements ou formuler des objections, les receveurs pourront aussi constater le fait, sur l'ancienne déclaration, par une mention datée et signée.

37. *Payement de la taxe.* — Il est à remarquer que, d'après les termes de l'article 6 de la loi du 26 décembre 1890, la taxe sera due à compter du 1er janvier 1891, et que le délai de deux mois accordé pour l'enlèvement des affiches reste sans influence sur les affiches non supprimées.

L'article 12 du décret disposant que les droits doivent être acquittés dans les conditions déterminées par l'article 3, l'Administration ne sera pas fondée à exiger une déclaration nouvelle lorsque l'ancienne déclaration contiendra, notamment en ce qui concerne la dimension des affiches, toutes les indications nécessaires pour la liquidation de la taxe, et lorsque le payement sera offert pour une année seulement ; mais, dans le cas où les parties voudraient se libérer pour plusieurs années, une déclaration nouvelle serait nécessaire, au moins pour préciser ce point particulier (*voir n° 2 supra*).

En principe, les déclarations concernant les anciennes affiches devraient être signées par l'auteur même des affiches ou par un mandataire muni d'un pouvoir régulier, puisque les entrepreneurs d'affichage sont affranchis de toute responsabilité en ce qui concerne ces affiches. Néanmoins, pour faciliter autant que possible l'accomplissement des obligations afférentes à la période de transition, il conviendra d'accepter toutes les déclarations qui paraîtront pouvoir être sans trop de difficultés opposées dans l'avenir aux contribuables, telles que celles dans lesquelles un tiers se porterait fort du redevable.

Les déclarations régularisées par le payement seront retirées de la liasse générale, comprises dans la série des déclarations nouvelles et numérotées en conséquence. Les certificats d'existence seront conservés, avec ces déclaratiens ou séparément, pour être utilisés lors de la suppression des affiches.

38. *Défaut de payement de la taxe dans le délai légal.* — Par dérogation à la règle générale, il ne sera fait de consignation au sommier des découvertes que dans les cas où un procès-verbal aura été dressé, ou une demande en remise déposée, et les diligences seront mentionnées sur les anciennes déclarations toutes les fois qu'aucun inconvénient n'en pourra résulter.

Après l'expiration du délai de vingt jours, les receveurs réclameront la taxe et les amendes par un avertissement dans la forme ordinaire. Lorsque ce nouvel avis restera sans effet, ils se renseigneront sur la solvabilité du redevable ; et, quand l'article ne sera pas susceptible d'être consigné immédiatement au sommier des surséances, ils remettront les certificats constatant l'existence des affiches aux agents qui les auront signés, en les invitant à dresser des procès-verbaux réguliers destinés à servir de base aux poursuites. Ils pourraient toutefois en référer préalablement au directeur si les affiches se rapportaient à des industries disparues.

Le quart des portions d'amendes recouvrées sera attribué à l'agent de la force publique qui aura constaté l'existence des affiches, lors même qu'il n'aurait pas été dressé de procès-verbal de contravention, le certificat de recensement devant être considéré comme un procès-verbal administratif suffisant pour justifier le droit du Trésor.

39. *Entrepreneurs d'affichage.* — L'article 9 de la loi du 26 décembre 1890 a expressément limité la responsabilité des entrepreneurs d'affichage aux affiches apposées depuis le 1er janvier 1891.

Mais les articles 7 et 13 du décret du 18 février 1891 ont enjoint à ces entrepreneurs de faire des déclarations au sujet de leurs opérations avant le 1er mars 1891 et de tenir un répertoire à partir du 1er mars 1891.

A raison de la brièveté du délai ainsi accordé, les receveurs auront la faculté de ne pas relever les contraventions commises du 28 février au 30 avril 1891

dans ces deux cas particuliers, lorsque les entrepreneurs auront agi de bonne foi et régularisé la situation.

40. *Surveillance des employés supérieurs.* — Les
employés supérieurs en opérations dans les bureaux
veilleront d'une manière spéciale à ce que le nouveau
service soit complètement et régulièrement organisé
dans de brefs délais. Ils se rendront eux-mêmes chez
les entrepreneurs d'affichage, lorsqu'il pourra en
résulter quelque utilité.

Lors de leurs prochaines vérifications dans les bureaux des compagnies de chemins de fer, des compagnies de navigation et des autres entreprises de trans-
ports, les sous-inspecteurs reconnaîtront, au moins
par épreuve, si la taxe a été régulièrement acquittée
pour les affiches placées dans les gares, stations, wa-
gons, omnibus et bateaux.

41. *Compétence des directeurs.* — A raison du
caractère transitoire des mesures qui viennent d'être
indiquées et de la nécessité de terminer très prompte-
ment les travaux de cette période d'organisation, les
directeurs régleront tous les points de détail non prévus dans la présente Instruction et statueront directement sur les difficultés qui leur seront soumises, lorsqu'aucune circonstance particulière ne les obligera
d'en référer à la Direction générale. (*Instruction
nᵒ 2720-187.*)

Si les imprimés expédiés d'office par le service du
matériel étaient insuffisants, il incomberait spéciale-

ment aux directeurs de réclamer en temps utile des envois complémentaires.

42. *Compte à rendre.* — Chaque receveur rendra compte de l'exécution de la loi et du décret, par un rapport adressé au directeur, dans la forme ordinaire, du 1er au 10 juin 1891.

De leur côté, les directeurs enverront, avant le 1er juillet 1891, à la direction générale *(Bureau Central)*, un rapport détaillé sur les résultats obtenus. Ils pourront indiquer, à la suite de ce rapport, si la loi du 26 décembre 1890 paraîtrait devoir être complétée ou modifiée sur certains points, et dans quelles conditions.

Le Conseiller d'État,
Directeur général de l'Enregistrement,
des Domaines et du Timbre,

Em. TIPHAIGNE.

ANNEXE B.

DIRECTION GÉNÉRALE

DE L'ENREGISTREMENT, DES DOMAINES ET DU TIMBRE

REGISTRE SPÉCIAL

tenu par M.

entrepreneur d'affichage à

Le présent registre contenant   feuillets, a été signé par premier et dernier, coté et parafé en tous ses feuillets par le Directeur de l'Enregistrement, des Domaines et du Timbre, soussigné, pour servir à M.   à inscrire jour par jour, sans blanc ni interligne, en exécution des dispositions de l'article 8 du décret du 18 février 1891 :

1º Les déclarations d'affichage ;

2º Les déclarations de suppression d'affiches et les déclarations pour ordre ;

3º Et les payements successifs, qu'il est autorisé à recevoir pour le compte des Receveurs de l'Enregistrement, aux termes d'une décision rendue par le Directeur soussigné, le

. Les inscriptions pourront être séparées soit par une ligne laissée en blanc, soit par un trait à l'encre ; mais, dans ce cas, les séparations devront être établies d'une manière uniforme pour toutes les inscriptions.

Les recettes seront totalisées, par mois et par trimestre.

Fait à , le 189 .

ANNEXE C.

AFFICHES PEINTES

Désignation du bureau de l'enregistrement dans la circonscription duquel les affiches sont inscrites :

Nom et résidence de l'entrepreneur d'affichage :

Date et numéro de l'inscription de la déclaration d'affichage au registre spécial :

BULLETIN DE PAYEMENT
DE LA TAXE ANNUELLE

Nom de la partie versante :

Domicile :

Montant de la taxe payée :

Période à laquelle s'applique ce payement :

Date du payement :

Numéro du registre spécial :

Observations (1) :

L'Entrepreneur d'affichage,

---

(1) Lorsque le payement ne s'applique pas à tous les exemplaires compris dans la déclaration originaire, en indiquer les motifs, en rappelant, s'il y a lieu, la date et le numéro de la déclaration de suppression passée pour certains exemplaires.

LES COMMERÇANTS

Dans chaque industrie, dans chaque commerce, celui qui a eu le courage et l'audace d'innover, en introduisant, résolument ; la publicité dans sa spécialité, a fait fortune.

Fortune faite, les industriels qui avaient été les précurseurs d'un système leur réussissant aussi bien, continuèrent en gens prévoyants, à affecter sur chaque exercice une somme, souvent fort élevée, à l'extension de leur maison et de leur commerce et il n'y a plus guère de grandes maisons n'ayant pas un budget de publicité.

C'est grâce à ce système, que les grandes entreprises se sont encore développées et que les bonnes maisons de second ou troisième ordre, comptant sur la seule ancienneté de leurs établissements et la qualité de leurs marchandises, tendent de plus en plus à disparaître ; c'est pour cela que chaque jour en voit une s'éteindre, écrasée par la publicité des grands confrères.

Combien de ces bonnes vieilles maisons, en effet, que nous avons tous connues et sur lesquelles s'est fait aujourd'hui le plus absolu silence !

Généralement ces maisons sont mortes comme elles avaient vécu, doucement, tranquillement, sans bruit, sans scandale ; elles sont mortes de vieillesse et tombées de vétusté.

La faute que ces maisons ont commise la voici : elles ont trop compté sur une clientèle fidèle autrefois, changeante aujourd'hui.

Comment tabler sur une clientèle même ancienne, dans une fin de siècle où l'on déménage continuellement et où, par exemple, la clientèle riche se transporte dans une même année, de Paris aux bains de mer et de là, à Nice ou même à l'étranger ? A une époque où l'on s'impatiente des lenteurs de la télégraphie ; où les trains ne vont plus assez vite pour nous lorsqu'ils nous font faire en quelques heures les voyages que quelques-uns des impatients d'aujourd'hui ont mis autrefois à accomplir plusieurs journées de diligence.

Nous possédons depuis quelques années à peine le téléphone, cette merveilleuse invention dont l'annonce nous a paru invraisemblable et nous trouvons qu'il est bien lent à transmettre notre pensée et notre parole à travers l'espace, nous piétinons déjà devant l'appareil.

Toute clientèle change, se déplace chaque jour et au fur et à mesure que les moyens de locomotion et de correspondance se multiplient et se perfectionnent, ce mouvement s'accentue de plus en plus.

Aujourd'hui on voyage, ou du moins on se déplace sans cesse, achetant au plus près et au plus vite tout ce qui est nécessaire aux besoins de la vie.

De là, la nécessité de l'annonce pour solliciter sans cesse cette clientèle errante et la renouveler.

ORGANISATION
d'un budget d'affichage

Les commerçants qui ne s'annoncent pas, ont tort et, ainsi que nous l'avons dit, ils ne sauraient guère compter sur une ancienne clientèle qui diminue nécessairement par voie d'extinction et par une foule d'autres causes. Ceux au contraire, qui font de la réclame, ont souvent un tout autre tort, celui de suivre plutôt leurs goûts personnels ou leurs tendances, que de faire exactement ce qu'il faudrait pour leurs produits, c'est ce que nous appelons en terme de métier :

« *Faire sa publicité à côté.* »

Cela provient dans la plupart des cas, de ce que l'on réfléchit et surtout qu'on tergiverse des mois et des mois ; on hésite, on décide, on revient sur la décision craignant de s'être trompé, puis tout d'un coup, brusquement, on se décide au dernier moment et l'on opère alors n'importe comment, n'importe sous quelle impulsion, et tout est décidé en cinq minutes parce que l'on a perdu un temps précieux, que la saison est avancée, que l'on est pressé et qu'il faut en finir.

Bien souvent, ce qui fait qu'une réclame ne porte

pas, c'est parce qu'elle est mal faite ou du moins qu'elle n'a pas d'esprit de suite, qu'elle ne se soutient pas et ne se continue pas. Une réclame bien faite produit toujours !

On avait par exemple, adopté un modèle d'affiche, l'année suivante, on le change pour un autre. Quel est le résultat ? C'est que la réclame nouvelle ne rappelle plus la précédente, ne la multiplie pas, si nous pouvons employer ce terme.

Cela vaut certes mieux que rien, mais ce n'est pas selon nous, la bonne manière.

A Paris, nous sommes à même de constater journellement que des commerçants qui vendent des produits de luxe demandent que l'on pose leurs affiches exclusivement dans les quartiers riches, cela se comprend encore, bien qu'un affichage un peu général ait certainement ses bons côtés.

Mais ce qu'il y a de bien singulier, c'est que ceux qui vendent des papiers à cigarettes à cinq centimes le cahier, des poudres insecticides, des savons de ménage, etc., articles d'une consommation courante, surtout dans les quartiers excentriques et populeux, demandent, eux aussi, fréquemment les mêmes quartiers riches ou du centre, c'est le contraire qui serait cependant normal. Il y a aussi, chacun le sait, des habitants sur les deux rives de la Seine ; eh bien ! la rive droite seule existe pour la plupart des commerçants qui veulent s'adresser au public par voie d'annonces, et ils excluent résolument la rive gauche comme impropre à donner des résultats.

Parce que le mouvement est moins rapide et moins violent, il ne s'ensuit pas qu'il soit nul et le recensement nous apprend qu'il y a dans cette quantité négligée, que l'on appelle la rive gauche, le nombre respectable de plus d'un million de personnes.

La grande quantité de gens pressés et affairés passant dans un temps donné devant une affiche, n'établit pas en faveur de cette annonce une supériorité incontestable et, dans bien des cas, avec un mouvement moins précipité et un peu moins accentué, on aura dans un autre endroit, moins passager, un plus grand nombre de lecteurs.

Pour faire de la réclame productive, il ne faut pas toujours faire la même chose, ou diamétralement le contraire, de ce que fait le concurrent et c'est ce que l'on a des tendances à faire ; il faut se bien placer dans sa clientèle, la chercher exactement dans le milieu auquel le produit s'adresse, la solliciter intelligemment et d'une façon très suivie : une affiche placée dans ces conditions en vaut dix, de même qu'un bon sonnet vaut mieux qu'un long discours.

Nous rappellerons à ce propos aux intéressés que d'une façon générale, les affiches sont pour la plupart beaucoup trop chargées de texte et qu'en en voulant trop dire il arrive que le passant ne lit rien. Une affiche doit toujours être lisible pour une personne en marche, sans qu'elle ait besoin de s'arrêter ; en un mot, l'affiche doit se voir sans qu'on ait besoin de la regarder spécialement.

Ce sont tous ces petits détails qui, joints à l'initiative personnelle, peuvent aider un commerçant à faire de la bonne réclame qui lui produira des recettes fructueuses.

La publicité ne sera plus alors un poids pour sa maison ; c'est une simple avance à charge de recouvrement.

La concurrence est l'âme du commerce, la publicité en est l'instrument, le tout est de savoir en jouer.

UN EXEMPLE

Les faits probants et les résultats acquis étant les meilleurs appoints d'une théorie, nous allons citer l'exemple d'un commerçant qui compte de nombreux établissements et qui a fait fortune grâce à la publicité : il est le premier à le reconnaître.

Nous ne disons ni ce qu'il fait ni ce qu'il vend, pour ne pas être accusé de lui faire de la réclame ; tout ce que nous pouvons déclarer, c'est qu'il est millionnaire.

Sachant que ce négociant avait des idées très personnelles en publicité, nous avions intérêt à savoir comment il entendait la réclame. Nous allâmes donc le voir ; il voulut bien ne pas décevoir notre attente et nous exposer son système, qui prouve quelle foi il a dans la réclame, mais qui démontre surtout combien il en soigne les plus minutieux détails.

Ce commerçant nous sortit d'un carton spécial intitulé « Publicité et Affichage » un plan de Paris, plan quelconque en apparence et sur lequel figuraient des traits rouges, bleus, jaunes, etc.

Le plan était vulgaire, mais il était visible qu'on

y avait fait des divisions sensiblement différentes du tracé administratif en 20 arrondissements.

Voici l'explication qui nous fut donnée de ce plan par son auteur :

Les points jaunes   indiquent soleil.
   —   rouges   —   fêtes et dimanches.
   —   verts   —   temps variable.
   —   jaunes et verts   —   pluie et beau temps
                                                           alternativement.

Ainsi que vous le voyez, nous dit ce négociant, je fais de la publicité au thermomètre ; ceci n'est encore qu'un de mes plans, c'est celui de la distribution pendant l'hiver et je le change pour un autre dès que les Parisiens se portent vers les gares et la campagne au lieu de visiter les magasins et les musées.

Mes distributeurs de prospectus, qu'ils distribuent peu ou beaucoup dans une journée, me coûtent le même prix, il s'agit donc d'en tirer le meilleur parti possible.

Qu'il fasse un beau soleil, mon homme est plein d'entrain, il passe beaucoup de monde et il donne beaucoup de prospectus à des gens bien disposés et qui les acceptent.

S'il pleut au contraire, j'envoie mes hommes aux points désignés par une autre série de traits sur ce plan : à l'entrée des galeries, des passages couverts, des endroits où l'on séjourne à l'abri en attendant la fin de l'averse ; là encore, on lit par ennui, machinalement, pour faire enfin quelque chose et ne pas être à la fois immobile et inoccupé. Les distributeurs donnent moins de prospectus dans ce cas, mais ils sont mieux lus.

Enfin, j'ai les points désignés, en dernier lieu, pour les jours où il fait alternativement du beau temps et de la pluie. Chacun de mes hommes a ses deux postes voisins l'un de l'autre où il doit se transporter immédiatement suivant le temps qui influe lui-même sur le courant du public.

Je vois souvent, nous dit-il, les distributeurs de mes concurrents placés à des points déterminés et qu'ils ne doivent quitter sous aucun prétexte ; que le mauvais temps survienne et vous voyez de pauvres hères, trempés jusqu'aux os, tendant d'un air rechigné et d'une main humide, des prospectus ruisselants d'eau, une sorte de pâte de papier, à des passants de mauvaise humeur qui se soucient peu pour leurs mains ou leurs gants de ce contact humide.

Voilà un système bien simple, bien pratique, qui prouve simplement que ce négociant s'est donné la peine de raisonner sa publicité, d'en faire une étude attentive et d'agir en conséquence. Les résultats obtenus l'ont largement récompensé de ses soins.

Qu'a fait ce commerçant ? Il a appliqué les règles

de la guerre aux besoins de son commerce, il a fait de la stratégie pour arriver avec le nombre d'hommes le plus limité possible, à les faire donner frais et dispos dans les meilleures conditions et aux meilleurs endroits en temps opportun.

Les grands capitaines ont de tout temps opéré ainsi et c'est à cela qu'ils ont dû leurs lauriers, comme les commerçants qui ont su organiser de même leur publicité, doivent leur fortune.

L'AFFICHAGE EN PROVINCE

Nous nous permettrons de donner à quelques afficheurs certains conseils que nous croyons utiles.

Dans les villes où il y a deux afficheurs et par suite, de la concurrence, les progrès sont venus d'eux-mêmes et il ne reste plus maintenant qu'à perfectionner.

Dans d'autres où l'afficheur est seul, le travail est fait avec un soin que nous nous plaisons à constater dans nos tournées de province.

Les afficheurs n'ignorent pas en effet, pour la plupart du moins, qu'à des dates assez fréquentes et même d'une façon permanente, les maisons de publicité sérieuses, celles qui sont réellement soucieuses de leurs intérêts et de ceux de leurs clients, envoient en tournée de province leurs représentants chargés de leur rapporter des affaires et de procéder en même temps à la vérification de leurs toiles comme emplacements et comme état de conservation.

Or, si dans la généralité, la grande généralité des villes, il y a lieu d'être satisfait, il y a aussi des exceptions.

Dans certaines communes, l'afficheur se basant

sur ce qu'il est le seul, l'unique afficheur du pays, a des tendances à se croire possesseur d'un monopole, ce qui est inexact. Il profite de cette circonstance pour faire un tarif fantaisiste et surtout exorbitant, c'est sa première préoccupation ; en prendre à son aise vient ensuite.

Il faudra bien, pense-t-il, qu'on subisse ses fourches caudines ou qu'on se passe d'affichage dans sa ville, sa ville à lui.

C'est à l'afficheur à vouloir et à savoir travailler, ce n'est pas en augmentant les prix qu'un afficheur gagnera plus largement sa vie, c'est en maintenant en bon état et en bonne place les affiches qui lui sont confiées, en soignant son travail en un mot et en faisant des prix raisonnables.

Que les afficheurs de province ne s'y trompent pas ; ceux qui ne reçoivent pas suffisamment de papier, sont presque toujours, eux ou leurs prédécesseurs, les propres auteurs du mal dont ils se plaignent ; ou ils ont négligé un certain temps leur travail et la mauvaise impression ressentie par un voyageur de passage a été considérée comme une négligence habituelle, ou alors leur tarif est au-dessus de celui de leurs confrères et dans une affaire d'ensemble, on donne nécessairement la préférence à ces derniers.

Avec cette idée, fixe chez quelques-uns, de prix très élevés parce que le travail est peu abondant, on risque tout simplement de se voir monter une concurrence d'un jour à l'autre dans une ville où le métier peut nourrir son homme, mais où il n'y a pas de travail pour deux, étant donné surtout, que la concurrence survenant, il faudrait abaisser sensiblement les tarifs.

Nous engageons aussi les négligents à retourner avec la plus grande régularité et avec rapidité, les certificats de leur travail ; ces certificats sont souvent très longtemps à revenir et on est nécessairement amené à supposer, non sans apparence de raison, que l'afficheur assez négligent pour ne pas se montrer soucieux de renvoyer en temps utile le certificat, doit à plus forte raison, apporter le même laisser-aller et le même manque de soins, dans le travail qui lui a été confié.

Tout cela ne constitue nullement autre chose qu'un amical avertissement et non une mercuriale ; ce sont de simples conseils, dont quelques-uns feront bien de profiter ; la négligence ou l'impéritie des uns, pouvant faire et faisant même, du tort à tous.

Dans beaucoup de villes au contraire, les afficheurs travaillent leur affaire, ils mettent de l'amour-propre, je dirais presque de l'art dans leur travail.

Ils veulent, ceux-là, que leur ville soit nette et bien tenue en tant qu'affichage, ils monteront plutôt à l'échelle enlever un lambeau d'affiche que de le laisser pendre lamentablement à tous les vents. Rien ne cause une plus mauvaise impression, à un client, passant dans une ville, que de voir de vieilles affiches de sa marque, de son produit à lui, affiches même périmées si l'on veut, lacérées, vieillies, maculées, il préférerait qu'elles soient recouvertes.

Lorsque les afficheurs soigneux ont trouvé un mur bien placé, ils entourent la partie propre à l'affichage de baguettes moulures et, leur cadre ainsi établi, ils le surmontent d'une planchette appelée « bluteau », destinée à marquer leur prise de possession.

La constitution du cadre n'est nullement coûteuse, c'est une dépense minime pour toute une ville et cela fait immédiatement ressortir les affiches posées proprement et symétriquement dans un emplacement.

Le client d'abord, son voyageur de commerce ensuite, ou même un agent de publicité quelconque, passent-ils les uns ou les autres dans une ville ainsi tenue, bonne note est prise pour l'avenir et désormais on continuera à envoyer du travail à cet afficheur.

C'est ainsi que chaque afficheur doit faire, dans son intérêt personnel.

VILLES D'EXCEPTION

On appelle « villes d'exception » celles où l'afficheur travaille plus mal ou prend plus cher que les autres ; une remarque a été faite, c'est souvent les deux à la fois.

A côté de ces raisons qui font écarter ces villes de tout contrat d'ensemble, raisons qui tiennent au titulaire de l'emploi seul ; il y a en France quelques villes exceptionnelles qui sont autant que possible écartées de tout traité de toiles ou de papier, suivant le cas. Nous citerons : Bordeaux, La Rochelle, Châtillon, Nancy, Valenciennes, Saint-Georges, Vesoul, Tourcoing, Roubaix, Lille, Brest, Boulogne, Amiens, Grenoble, Nice, etc.

A la Chambre, on est libre-échangiste ou protectionniste. Les villes citées plus haut sont elles, l'un et l'autre, protectionnistes chez elles, libre-échangistes partout ailleurs.

Il y a en effet, dans certaines villes, des droits exorbitants ; à Bordeaux par exemple, on paie 5 francs de droit, par mètre carré de peinture sur toile ou sur mur, à La Rochelle, etc., de même.

Ainsi qu'il est facile de s'en rendre compte, c'est absolument du bon plaisir.

Il nous semble cependant, que les préfets ont quelque autorité en la matière et le nouveau réglement sur l'affichage nous le rappelle, puisqu'ils ont été chargés des mesures à prendre pour le recensement des affiches.

Le moment est donc excellent pour obtenir la suppression d'un droit d'usage arbitraire, qui, à La Rochelle par exemple, date — on ne le croirait pas — de 1627, temps où le cardinal de Richelieu fit élever la fameuse digue de 700 toises. A cette époque, La Rochelle obtint des franchises spéciales et perçut des taxes supplémentaires, nous appellerions cela aujourd'hui des centimes additionnels.

La Rochelle a toujours sa digue, mais elle a conservé aussi sa taxe spéciale transformée en droit de voirie, droit qui doit disparaître avec la nouvelle loi.

Celle-ci, en effet, est mal basée, mal équilibrée ; mais enfin, on a pris une base qui est le chiffre de la population, on doit s'y tenir ; de ce fait on nous écrase à Paris d'un droit de 1 fr. 50 cent. sur les affiches peintes, alors qu'il est de 1 franc à Bordeaux et bien inférieur dans d'autres villes.

Bordeaux, La Rochelle, Orléans, Lille, Brest, Roubaix, etc., sont régis par une même loi. Il faut unifier maintenant ; une seule taxe est percevable, celle que cette loi du 26 décembre 1890 leur impose proportionnellement à la population de chacune. Il serait bon que des instructions soient données en conséquence.

Si le bordelais tient aux droits de voirie de sa bonne ville, que lui demanderons-nous à notre tour pour afficher ses produits dans notre bonne ville de Paris et les y faire connaître et vendre ?

Proportionnellement on devrait taxer toute affiche peinte, originaire de Bordeaux et placée à Paris, à raison de 200 francs le mètre carré, c'est tout simplement la démonstration par l'absurde.

Nous demandions à ce sujet, son avis, à un général en retraite, maire des environs de Paris ; voici celui qu'il nous donna :

« A aucun titre, nous disait-il, je ne mettrai un empêchement à la liberté commerciale. Ma commune est bien près de Paris, et certes les épiciers, les marchands de vin, de chaussures et bien d'autres commerçants de la localité seraient enchantés de ne pas voir sur tous les murs de la ville, les affiches de leurs grands concurrents de Paris qui préparent ainsi leurs tournées et viennent ici deux ou trois fois par semaine avec leurs voitures de livraison.

« Je n'ignore pas que ce sont ces grands fournisseurs qui prennent les grosses commandes et que les commerçants de ma localité ne sont plus que des détaillants, qui n'héritent de la clientèle que lorsqu'il manque par hasard quelque chose dans la maison et qu'on est pris de court ; mais il n'est pas possible de se montrer assez exclusif pour interdire dans une commune de France de vendre une marchandise et par suite, nécessairement de l'annoncer.

« La grande majorité de mes administrés profite du reste, de ses droits et si elle ne se sert pas en face ou à côté de chez elle, c'est sans doute parce qu'elle se trouve mieux servie plus loin. Je lui laisse le droit incontestable du reste, de faire ainsi et je ne crois pas pouvoir lui imposer mon fruitier, mon épicier ou mon bottier, pour cette unique raison qu'il est de la localité. Par suite, je ne puis n interdire ni mettre une taxe prohibitive sur les affiches autres que celles qui émanent de la ville. » Il nous semble que ce maire avait absolument raison.

Il serait bon aussi, de ne pas perdre de vue, qu'un arrêté municipal pour être valable, doit être voté par la municipalité, agréé par le préfet, et de plus, sanctionné par le Conseil d'État ; or, il y a des villes d'exception qui perçoivent sans être en règle à cet égard.

Nous avons demandé à l'administration, si les villes qui percevaient la taxe normale fixée par la loi du 26 décembre 1890, pouvaient cumuler et percevoir aussi et en outre, une taxe municipale supplémentaire, sous un prétexte ou sous un autre comme certaines villes le font.

On nous a répondu « oui ».

Nous répondons catégoriquement « non ».

Prenons « Moulins », pour ne citer que cette

ville; sa taxe d'état proportionnelle à la population, est de 0 fr. 75 c. le mètre pour les affiches peintes. Pour « toute affiche étrangère à la localité » rien que ce libellé de l'affiche annonçant la taxe que l'on peut qualifier de municipale, indique bien l'esprit d'obstruction et d'entraves à la liberté du commerce dans lequel la taxe communale a été établie.

En continuant, nous voyons : pour toute affiche étrangère rentrant dans la catégorie ainsi qualifiée, il y a une taxe de 0 fr. 10 c. par décimètre carré, soit pour une affiche même en papier, mesurant 60 × 70 c. une taxe municipale de 4 fr. 20 c., au profit du bureau de bienfaisance, dit le Conseil municipal de Moulins, dans son arrêté du 27 mars 1890, pris conformément à la loi de 1854.

Là c'est un droit de bienfaisance, exorbitant du reste, et il n'y a aucune raison pour qu'un voyer quelconque, ne fasse pas comme dans les autres villes d'exception et ne vienne aussi ajouter encore son droit de voirie, alors on arrive à ce résultat pour une toile de 1 mètre carré.

Taxe d'État...... 0 fr. 75
Droit de voirie... 4   »»   comme dans certaines villes.
Bureau de bienfai-
sance............ 10   »»

Soit.... 14 fr. 75   de droit par année.
pour un mètre d'annonce peinte.

C'est une entrave absolue à la liberté du commerce et on ne peut laisser subsister le règne du bon plaisir et de l'arbitraire :

Toute municipalité a parfaitement le droit, que nous ne songeons pas à lui contester, de prévoir pour les murs de ses édifices communaux, une taxe tenant lieu de location, elle peut l'établir exorbitante, si tel est son bon plaisir, de même qu'un particulier peut demander fort cher de son mur pour y mettre une annonce. Mais, cher ou bon marché, la municipalité de Moulins ne peut louer que ses édifices communaux et ne peut taxer que ce qui se trouve sur sa propriété et non sur les autres murs qui se trouvent dans la ville.

Lorsqu'un arrêté dit « un impôt ou une taxe de tant, sera perçue sur toute affiche apposée sur les murs de la ville de X... », c'est : édifices communaux qu'il faut comprendre et non dans la ville de X... en général.

Toute autre interprétation est erronée, fausse et abusive.

Nous avons cité Moulins ; la même erreur pourrait être relevée à la charge d'autres villes d'exception.

Il serait bon qu'à l'avenir, on donnât aux arrêtés leur véritable signification.

L'ADMINISTRATION
de l'Enregistrement des Domaines
et du Timbre

Pour terminer, qu'ils nous soit permis d'espérer qu'une loi qui permet tant d'erreurs, qui peut créer une foule de difficultés et de conflits, qui a, ce qui est contraire à *la Loi* un effet rétroactif et vexatoire, ne sera pas maintenue.

Nous voulons tous croire, commerçants, industriels, peintres, ravaleurs, échafaudeurs, nous tous afficheurs, dont la corporation compte déjà 36,121 membres, rien que pour les afficheurs municipaux, que l'on ne voudra pas frapper toutes ces professions que l'on ne songeait pas à atteindre au moment de la présentation de la loi du 26 décembre 1890 et dont la situation n'est pas tellement prospère que l'on puisse impunément imposer de lourdes taxes aux uns et priver les autres d'une bonne partie de leur travail.

Lorsqu'un député, à l'esprit inquiet et brouillon, a présenté cette loi à la Chambre, il l'a offerte comme un impôt équitablement établi et devant être en proportion avec la richesse commerciale de chaque maison. Il a même ajouté : que cette taxe devait frapper presque uniquement les grands magasins et le résultat est là : visible, palpable, les grands magasins non seulement ne sont pas effleurés par la taxe, mais ils ont même tout lieu de se réjouir de l'écrasement de la publicité du petit commerce qui leur laisse le champ plus libre.

La Chambre se doit à elle-même de revenir sur une taxe votée dans ces conditions de présentation, taxe qui a tourné diamétralement à l'opposé du but que son auteur disait vouloir atteindre.

En admettant que la loi ne puisse être rapportée et la taxe rétablie une révision s'impose.

Si on fait payer 1 fr. 50 à Paris, d'impôt à 1 mètre carré de mur qui se loue 10 francs, la même taxe de 1 fr. 50 est perçue dans la même ville de Paris pour 1 mètre carré de rideau de théâtre qui se loue 2 ou 300 francs, c'est une anomalie et il y en a bien d'autres. De plus, cette loi boiteuse ne donnera jamais les résultats qu'on en attendait, elle donne lieu à une foule d'écritures, de paperasserie administrative ; les commerçants mettant autant d'empressement à effacer que le fisc à percevoir, on en voit déjà de tous côtés les résultats.

On a eu beau mobiliser tous les gardes-champêtres et autres fonctionnaires, pour relever les affiches dans toute la France : les frais déduits, le résultat sera mince et le rendement sera tout à fait nul lorsque les commerçants, surpris à l'improviste, par l'effet rétroactif de la loi, auront terminé leurs contrats en cours.

Un impôt beaucoup plus équitable, serait celui qui serait basé sur les traités de publicité euxmêmes. Tout traité pour être valable, devrait être préalablement enregistré comme un bail ou une location ; rien ne serait plus simple et il est bien regrettable que l'on n'y ait pas songé en temps utile. Le contribuable apporterait au timbre sa police à enregistrer et son argent, l'impôt serait ainsi proportionnel à la valeur réelle de la publicité faite, ce qui n'est pas actuellement. L'impôt idéal (en tant qu'un impôt peut l'être), est celui qui reste équitable, et qui rentrant seul et sans frais, laisse par suite une plus forte plus value à l'État sans écraser le contribuable.

Paris-Auteuil. — Imp. des Apr. — Orp. — Roussel, 49, r. La Fontaine.